Gerhard Koop
Die Atlantikschlacht: Kampf und Untergang der deutschen U-Boot-Waffe

Gerhard Koop

Kampf und Untergang der deutschen U-Boot-Waffe

Eine Bilanz in Wort und Bild aus der Sicht des Gegners

Bernard & Graefe Verlag

Die Karten wurden von Klaus-Peter Schmolke gezeichnet.

Herstellung und Layout: Walter Amann, München
Satz: Repro GmbH, Essenbach
Reproduktionen: Repro GmbH, Essenbach
Druck- und Bindung: New Interlitho Italia Spa
Printed in Italy

ISBN 3-7637-5980-8

Inhalt

Vorwort

Dieses Buch beschreibt in vielen Abbildungen und ausführlichen Legenden den Einsatz und Kampf der deutschen Unterseeboote im Zweiten Weltkrieg aus der Sicht des Gegners – kurz die »Atlantikschlacht«.
Diese längste und wohl auch erbittertste Schlacht zur See im Zweiten Weltkrieg wurde nach dem Krieg in zahlreichen Publikationen von berufenen Autoren immer wieder beschrieben, wie z. B. dem namhaften Historiker Professor Jürgen Rohwer, aber auch Eberhard Rössler – um nur einige zu nennen. Hinzu kommen viele Autoren mit Büchern, deren Inhalt durchaus packend und lebendig zu lesen ist, denen aber in vielen Fällen leider die Sachkenntnis fehlt. Schließlich gibt es zahlreiche biographische Veröffentlichungen von Männern, die »einst dabei gewesen« sind.
Die wissenschaftliche Gesamtdarstellung und kritische Würdigung der »Atlantikschlacht« steht noch aus; in diesem Buch wird das Gesamtgeschehen nur tangiert, und nur einige wichtig erscheinende Aspekte angeführt.
Schwerpunkt des Buches ist der umfangreiche Bildteil mit den zugehörigen Legenden. Er zeigt die »Atlantikschlacht« aus der Sicht des Gegners: *Suche, Jagd und Verfolgung, die Angriffe auf und die Vernichtung der Unterseeboote*. Hinzu kommt das *Kriegsende mit Selbstversenkungen, Kapitulation und Auslieferung der Unterseeboote* und in einem abschließenden Teil die *Auswirkungen des Luftkrieges auf die wichtigsten deutschen Häfen und Werften*. Den Schluß bildet das U-Boot-Ehrenmal in Möltenort bei Kiel.
Die Mehrzahl der Aufnahmen wurden im Verlauf des Krieges während des Einsatzes gemacht: von Flugzeugbesatzungen, von einzelnen Piloten oder mitfliegenden Berichtern, von Besatzungsangehörigen beteiligter Schiffe, von PK-Berichtern auf deutschen Einheiten oder in den Stützpunkten, von anderen Beteiligten. Alle diese Bilder befinden sich heute in den unterschiedlichsten Archiven und Museen wie Imperial War Museum, Royal Navy Submarine Museum, Public Record Office, U.S. National Archives, Museum of Science and Industry, Chicago, Bundesarchiv/Militärarchiv, aber auch in privater Hand. Es gibt noch weitere. Einige der Abbildungen wurden bereits in Publikationen vorgelegt, aber noch nie erfolgte eine Veröffentlichung in dieser kompakten Form.
Der Kampf war gnadenlos, beide Seiten schenkten sich nichts – und der gemeinsame Feind war die See. Mit ihr mußten sich Freund und Feind auseinandersetzen, der Atlantik war selten ruhig, vorwiegend rauh und wild. Hinzu kam das ständige Auf-der-Hut-sein. Das gilt für beide Seiten. Die einen ununterbrochen auf der Suche nach dem unheimlichen Gegner unter Wasser, die anderen auf der Suche nach dem »Wild«.
Stießen sie aufeinander, begann das »große Katz-und-Maus-Spiel«, wer war geschickter, erfahrener, wer war der Glücklichere. Das war anfangs so, aber dann kam die immer stärker werdende Abwehr aus der Luft, die immer dichter werdende Geleitsicherung. Ab etwa 1942/43 wurde der Einsatz der Unterseeboote zum »Glücksspiel«. Manche Boote hatten Glück, sie kamen immer wieder heil zurück, für andere wurde die erste Feindfahrt auch zur letzten. Die Verluste stiegen an, und doch fuhren die Männer immer wieder hinaus. Es war kein Fanatismus, es war schlichte Pflichterfüllung. Über allem aber standen die Begriffe »Dienen« und »Trotzdem«.
Keiner kann ermessen, was sich auf jenen Booten abspielte, die für immer versanken. Das Wort »Totalverlust« beinhaltet nicht nur das Boot (als Material) sondern auch die Menschen, und deren Verlust wog schwerer.
Die Bilder sprechen für sich. Auch wenn es manchmal den Anschein hat, daß sie einander ähnlich sind – der Ablauf war immer derselbe, der Untergang, die Vernichtung stets anders, denn die Umstände des Zweikampfes unterschieden sich.

Wilhelmshaven, Frühjahr 1998
Gerhard Koop

Einleitung

Zweimal im Verlauf eines Jahrhunderts – im Ersten Weltkrieg 1914 bis 1918 und im Zweiten Weltkrieg 1939 bis 1945 – unternahm Deutschland den Versuch, das britische Weltreich in seinen Grundfesten zu erschüttern, der Royal Navy die Seeherrschaft zu entreißen, und beide Male endete dieser Versuch mit einem Fiasko.
Beide Male versuchte Deutschland, die Seemacht Nummer eins mit der »Waffe des kleinen Mannes«, dem Unterseeboot, in die Knie zu zwingen. Es gelang nicht, wenngleich in beiden Kriegen für das Mutterland des britischen Weltreiches äußerst kritische Situationen entstanden. Letztendlich erwies sich die deutsche Marine als zu schwach. Zwar verfügte die Kaiserliche Kriegsmarine über eine große Flotte, aber diese sogenannte »Hochseeflotte« war ebenso kostspielig wie nutzlos und konnte ihre Kampfkraft nur einmal unter Beweis stellen, und das war in der Seeschlacht vor dem Skagerrak im Frühjahr 1916. In der Folge, wie schon zuvor, lag sie praktisch blockiert in den Häfen und auf den Reeden und »gammelte« vor sich hin. Die Hauptlast lag auf den Unterseebooten, die zwar hervorragenden Einsatz zeigten und große Erfolge erzielten, aber aufgrund »außenpolitischer Bedenken« ihren Kampf nur halbherzig führen durften und konnten. Zwar forderte die Seekriegsleitung immer wieder den »uneingeschränkten U-Boot-Krieg«, aber der Reichskanzler, der zugleich die Außenpolitik bestimmte, war stets dagegen, denn er fürchtete den Kriegseintritt der USA (der im Grunde genommen schon lange auf geheimen Konferenzen beschlossen war). So begann der geforderte volle Einsatz der U-Bootwaffe erst am 1. Februar 1917 (viel zu spät), für die USA der gegebene Anlaß für den Kriegseintritt.
Bei Kriegsausbruch 1914 verfügte die Kaiserliche Marine über 19 Frontboote. Im Verlauf des Ersten Weltkrieges wurden 811 Boote in Auftrag gegeben, davon stellten bis Kriegsende 1918 insgesamt 343 in Dienst. Verloren gingen von 1914 bis 1918 insgesamt 199 Boote, davon 178 im Fronteinsatz. 5149 U-Boot-Männer verloren ihr Leben. Der Erfolg im Handelskrieg betrug 4837 Handelsschiffe mit 11 135 000 BRT.
Im Kampf gegen die Unterseeboote setzten die Gegner (in der Masse der Royal Navy zugehörig) ein: 277 Zerstörer und Torpedoboote, 30 Kanonenboote, 44 Patrouillenboote, 338 bewaffnete Motorboote aller Art, 65 Unterseeboote, 68 Küstenwachboote aller Typen, 49 Dampfyachten, 849 Fischdampfer, 687 Drifter (vor dem Netz treibende Fischereifahrzeuge), 24 Minensuchboote, 50 kleine Luftschiffe, 194 Flugzeuge, 77 U-Boot-Fallen, und sie legten über 100 000 Minen.

Anders als 1914 traf der von deutscher Seite ausgelöste Zweite Weltkrieg die Kriegsmarine – wie auch die anderen Teilstreitkräfte – völlig unvorbereitet. Deutschland verfügte weder über eine große und schlagkräftige Flotte noch über die erforderlichen Grundlagen, um als Seemacht zu gelten (die es 1914 ja auch nur auf dem Papier dargestellt hatte). Es gab keine überseeischen Besitzungen, keine Stützpunkte: Grundlagen für die Beherrschung der See. Folglich gab es eigentlich auch keinerlei Veranlassung für den Bau einer Flotte alter Prägung. Und das genau sah der sogenannte »Z-Plan« vor. Das war praktisch die Fortsetzung des Denkens in alter Prägung, einst von Tirpitz begonnen und von Großadmiral Raeder zu neuem Leben erweckt.
Was blieb, war wieder einmal das Unterseeboot. Ihm sollte im Verlauf der sich anbahnenden »Atlantikschlacht« die Hauptlast zufallen.
Als Hitler sich weigerte, dem Ultimatum Großbritanniens und Frankreichs, nämlich sofortiger Rückzug der deutschen Truppen aus dem am 1. September 1939 angegriffenen Polen, zu entsprechen, folgten diese beiden Staaten am 3. September mit der Kriegserklärung an Deutschland. Als der von der britischen Regierung abgegebene Funkspruch »Total Germany« = »Krieg mit Deutschland« auch von der Befehlsstelle der FdU, Kommodore und Kapitän zur See Dönitz in Sengwarden bei Wilhelmshaven aufgefangen wurde, reagierte dieser bei Vorlage mit »Verdammt!« Und mit den Worten »Daß mir das nochmal passieren muß« verließ er den Raum, um später wieder zu erscheinen und zu den versammelten Mitgliedern seines Stabes zu sagen »Nehmen Sie diesen Krieg sehr ernst! Seien Sie sich darüber klar, er wird sehr lange, vielleicht sieben Jahre dauern, und wir werden froh sein, wenn er dann mit einem Vergleich endet«. Und er wurde – da es nun eine völlig andere Lage war – sofort sehr aktiv.
Eine seiner ersten Forderungen in einer der vielen nachfolgenden Denkschriften an die Seekriegsleitung ging dahin, daß die Zahl der zu bauenden Unterseeboote drastisch erhöht werden müsse. Er forderte mindestens 300 Stück. Das hätte bedeutet: 100 Boote im Einsatz, je 100 auf dem Hinmarsch ins Einsatzgebiet bzw. auf dem

Rückmarsch von dort. Hinzu kamen Schulboote, Werftlieger usw. Eine utopische Zahl, wie es scheint, aber notwendig, um den Hauptgegner Großbritannien zu bezwingen; und dazu benötigte er diese Mindestzahl, um die von ihm entwickelte Rudeltaktik voll zum Tragen zu bringen. Er war nicht sehr erfolgreich mit seiner Forderung, denn die Seekriegsleitung war anderer Ansicht und Randbemerkungen auf den dem ObdM vorgelegten Denkschriften wie »wir brauchen keine U-Boot-Marine« waren keine Seltenheit. Hinzu kommt, die deutsche Werftindustrie war arbeitskräftemäßig, aber auch von der Kapazität her gar nicht in der Lage, diese Forderungen zu erfüllen. Erst ab 1943, als der nunmehrige BdU, Admiral Dönitz, inzwischen ObdM geworden und zum Großadmiral befördert, die gesamte Marinerüstung in eine Hand legte, wurde es besser – aber das war eigentlich schon zu spät.

Die Atlantikschlacht dauerte vom 3. September 1939 bis zum 8. Mai 1945. An ihr beteiligt waren deutscherseits anfänglich Schlachtschiffe, Panzerschiffe und Schwere Kreuzer. Hinzu kamen vorübergehend Hilfskreuzer, schließlich als Hauptträger die Unterseeboote. Hauptgegner war die Royal Navy mit den Marinen des Empire (Kanada, Neuseeland, Australien, Südafrika) und den Verbündeten Niederlande, Frankreich, Griechenland, Norwegen, Polen. Hinzu kam die sowjetische Marine und schließlich die U.S. Navy.
Letztere hatte von Beginn an – politisch gesehen – eine etwas zwielichtige und undurchsichtige Rolle gespielt, wie die USA überhaupt. Man nahm die eigentliche gebotene Neutralität nicht so genau. Das begann schon gleich nach Kriegsbeginn. Der in Vera Cruz/Mexiko liegende deutsche Passagierdampfer COLUMBUS (32 565 BRT) schickte sich an, wie viele andere deutsche Schiffe, in die Heimat durchzubrechen. Das gelang nicht. Das Schiff wurde fortwährend von acht amerikanischen Zerstörern (die sich ablösten) und dem Schweren Kreuzer TUSCALOOSA überwacht und beschattet, der laufend Standort und Kurs durchgab, bis der britische Zerstörer HMS HYPERTON auftauchte und die COLUMBUS sich angesichts des auftauchenden Gegners in Brand setzte und selbst versenkte. Das war am 19. Dezember 1939, die Reise hatte am 14. Dezember begonnen. Weiteren Schiffen erging es ähnlich. Es ging weiter: Am 29. Januar 1941 erste geheime Stabsbesprechungen zwischen Großbritannien und den USA über den besten Zeitpunkt eines Kriegsbeitritts der USA. Am 11. März 1941 Unterzeichnung des Pacht- und Leihgesetzes (Lend and Lease), am 27. März ergänzt und erweitert durch das ABC-1 Staff Agreement (Germany First!), ab 24. April 1941 schließlich Neutralitäts-Patrouille im Atlantik durch die U.S. Navy. Am 18. April 1941 Verschieben der Sicherheitszone von 60°w auf 30°w, am 14. Juni 1941 sogar auf 26°w. Am 7. Juli 1941 wird Island durch die USA besetzt. Zuvor war bereits am 1. März 1941 eine sogenannte »Task Force 4« mit drei Zerstörer- und vier Aufklärungsgeschwadern gebildet worden. Daß dieses alles zu ersten und ernsten Verwicklungen führen mußte, lag klar auf der Hand, obwohl von seiten der deutschen Führung äußerste Zurückhaltung auferlegt wurde. Am 4. September 1941 kam, was kommen mußte, es kam zum sogenannten »GREER-Zwischenfall«. Der mit Kurs auf Island laufende Zerstörer wurde durch ein britisches Flugzeug auf ein deutsches Unterseeboot aufmerksam gemacht und begann mit Anläufen auf das Boot. Es war U 652. Das britische Flugzeug warf Bomben auf das inzwischen getauchte Boot, das in der Annahme, es seien Wasserbomben des Zerstörers, diesen mit Torpedos angriff, der seinerseits mit Wasserbomben antwortete. Das ganze Geschehen blieb ohne Folgen für beide Kontrahenten: die Bomben gingen daneben, die Torpedos ebenfalls.
Und doch, ab 15. September 1941 übernahm die U.S.Navy die Sicherung durch die Royal Navy, und bereits am 11. September befahl der amerikanische Präsident (Roosevelt) auf Achsenschiffe zu schießen: »Shoot-on-right-order (the protection of which is necessary for American defence)«. Und am 17. Oktober 1941 kam es dann tatsächlich zu einem ernsten Zwischenfall: U 568 torpedierte den amerikanischen Zerstörer KEARNY. Nur 14 Tage später, am 31. Oktober versenkte U 552 den amerikanischen Zerstörer REUBEN JAMES (bereits am 20. Juni des Jahres hatte es eine unangenehme Begegnung zwischen U 203 und dem amerikanischen Schlachtschiff TEXAS gegeben).
Die deutsche Kriegserklärung an die USA am 11. Dezember 1941 schaffte dann klare Verhältnisse. Deutschland hatte einen starken Gegner, der sich schon bald als so übermächtig erwies, daß er mit seinem Potential alles erdrückte. Aber soweit war es bei Kriegsausbruch noch nicht.

Bei Kriegsausbruch verfügte die deutsche Kriegsmarine über ganze 57 Unterseeboote, davon waren 39 frontdiensttauglich. Am 3. September 1939 standen davon ganze 14 Boote in See, um Handelskrieg zu führen. Es waren viel zu wenige, um dem Gegner ernsthaften Schaden zuzufügen. Man bedenke, daß das Mutterland des britischen Empire, also die »Insel« mit England, Schottland, Wales und Nordirland eine Gesamtbevölkerung von rund 45 Mio Menschen hatte. Das Land war auf ständige Einfuhr angewiesen, so betrug diese im Jahre 1938 mehr als 68 Mio Tonnen Güter aller Art: Nahrungs-

mittel, Holz, Öl, Erz u.a.m. Bedingt durch den Krieg wuchs dieser Bedarf ins Uferlose. So bedeutete der Verlust von 100 000 BRT Frachtraum pro Kopf der Bevölkerung 2,2 kg Fleisch oder 3 kg Butter oder 4,5 kg Getreide usw., der Verlust von 100 000 BRT Tankerraum bedeutete den Verlust von 150 000 Tonnen Treiböl, gleichbedeutend mit 90 sechsstündigen Flügen von 1000 Bombern oder 5600 Einsatzflüge von 100 Jagdflugzeugen oder den Fahrbereich von 300 km für 1000 Panzer oder zehn Einsatzfahrten von rund 1000 sm für 75 Zerstörer.
Folglich mußte der Handelsverkehr nach England ausreichend geschützt werden. Aber vorerst bestand auch hier noch keine akute Bedrohung, denn Deutschland verfügte nicht über genügend Unterseeboote, um den Schiffsverkehr von und nach England ernsthaft zu gefährden. So standen zum Jahreswechsel 1939/1940 nur zwei Boote in See, weitere befanden sich auf dem Hin- bzw. Rückmarsch. Diese beiden Boote waren U 37 unter KKpt Werner Hartmann mit dem Leitenden Ingenieur Olt (Ing.) Gerd Suhren und U 48 unter Kptlt Herbert (Vati) Schultze mit dem IWO Reinhard (Teddy) Suhren, was zu einem der vielen humorvollen Sprüche zwischen Front und Heimat führte »Nur Mut, nur Mut – Familie Suhren ist auf der Hut und kämpft gegen England!«

Der Zulauf neuer Boote ging nur schleppend voran. So wurden im ersten Kriegsjahr zwar 28 U-Boote neu in Dienst gestellt, dem gegenüber standen aber auch 28 verloren gegangene Boote. Bis Juli 1940 standen ganze 12 Boote in See, davon waren aber die abzuziehen, die sich auf dem Hin- und Rückmarsch befanden, also waren tatsächlich nur sechs Unterseeboote am Feind. Ging man anfänglich davon aus, daß von 57 Booten bei Kriegsausbruch 39 Frontboote seien, waren es tatsächlich jedoch nur 27, alle übrigen wurden für Schulung und Ausbildung neuer Besatzungen benötigt. Im Februar 1941 gab es nur noch 22 Frontboote, zeitweise sogar nur 18.
Dem Hauptgegner, der Royal Navy, erging es ähnlich. Im Dezember 1939 verfügte das Kommando »Western Approaches«, die wichtigste Zentrale für die Geleitsicherungen und U-Bootbekämpfung mit Sitz in Liverpool, über neun Geleitfahrzeuge. Im Januar 1940 waren es immerhin schon 31 Zerstörer.
Der erste Engpaß wurde überwunden durch die Lieferung von 50 (!) Zerstörern durch die U.S. Navy im September 1940 und weiterer zehn Kutter der U.S. Coast Guard am 3. April 1941. Dann erfolgte der Zulauf eigener Entwicklungen. Im Januar 1944 verfügte diese Dienststelle über 21 Escortgruppen mit 206 Fregatten und Korvetten sowie 18 Zerstörer.
Insgesamt besaß die Royal Navy (ohne die Einheiten der RCN, RNZN und RAN) im Mai 1945 über 1065 Kriegsschiffe, 2907 Hilfskriegsschiffe und 5477 Landungsfahrzeuge aller Typen. Viele davon wurden direkt oder indirekt zur Bekämpfung von Unterseebooten oder Sicherung gegen deren Angriffe eingesetzt. Davon gingen durch deutsche Unterseeboote verloren: 3 Flugzeugträger, 3 Geleitträger, 2 Schlachtschiffe, 5 Leichte Kreuzer, 1 Minenkreuzer, 34 Zerstörer, 18 Geleitzerstörer, 2 Fregatten, 26 Korvetten, 13 Sloops, 10 Minenfahrzeuge, 9 Unterseeboote, 3 U-Jäger, 1 Kanonenboot, 3 Patrouillenboote, 13 Landungsfahrzeuge und 3 Tender/Versorger; gesamt 149. Durch Torpedos beschädigt wurden 2 Geleitträger, 3 Schlachtschiffe, 6 Leichte Kreuzer, 1 Minenkreuzer, 11 Zerstörer, 13 Geleitzerstörer, 4 Fregatten, 3 Kanonenboote, 4 Sloops und 1 Patrouillenboot; gesamt 48. Insgesamt verloren die Alliierten 1503 Kriegs- und Hilfskriegsschiffe.

Die Atlantikschlacht läßt sich in einzelne Phasen einteilen. So waren die ersten Monate gekennzeichnet vom Bestreben, den Handelskrieg mit Unterseebooten nach herkömmlichen Regeln zu führen: Sichten, Auftauchen, Schuß vor den Bug zum Stoppen, Untersuchung auf Bannware, Entscheidung ob zur Prise erklärt oder versenkt oder freigegeben wird zur Weiterfahrt. Geschossen wurde nur, wenn das angehaltene Schiff funkte oder sonstige erkennbare feindliche Handlungen vornahm, wie Nichtbefolgen des Stoppbefehls oder gar Rammversuch des Gegners. Das alles ist vorgekommen. Die Briten begannen bereits Ende August Maßnahmen zu treffen, ihre Handelsschiffe zu bewaffnen, und der Mangel an Geleitfahrzeugen zwang dazu, alle abgehenden Schiffe zu Geleitzügen zusammenzufassen, desgleichen dann auch alle England anlaufenden Fahrzeuge. Bereits am 26. August 1939 übernahm die Admiralität die Kontrolle über die gesamte Handelsschiffahrt. Die *erste Phase* dieser längsten Schlacht des Zweiten Weltkrieges währte von Kriegsausbruch bis zur Besetzung Frankreichs und Norwegens. Damit war der Weg frei für alle U-Boot-Operationen mit direktem Zugang zur freien See. Bis dahin gab es nur den langen Weg aus dem »Nassen Dreieck« oder den engen Ostseezugängen in den Atlantik. Die *zweite Phase* war gekennzeichnet vom Kampf gegen die vermehrt über den Nordatlantik laufenden Geleitzüge. Auch die *dritte Phase* war vom Kampf gegen die Geleitzüge gekennzeichnet. Mit dem Kriegsbeitritt der USA begann die *vierte Phase*. Der U-Boot-Krieg weitete sich aus bis zur amerikanischen Ostküste. Höhepunkte der sich anschließenden *fünften Phase* waren die schweren Geleitzugschlachten im Nordatlantik. Mit der *sechsten Phase* wurden die deutschen Unterseeboote endgültig in die Defensive gedrängt. Sie war gekennzeichnet von der alliierten Luftüberlegenheit über dem Atlantik und vor allem in der Biskaya. Die noch folgende *siebte und achte Phase* waren der Versuch, der Lage mit neuen Waffen zu begegnen: neue Torpedos, verstärkte Ausrüstung mit Funkmeßanlagen und Einführung des Schnorchels. Sie läuteten das Ende der Atlantikschlacht und der deutschen Unterseebootwaffe ein.

Am 1. Januar 1942 gab es genau 91 Frontboote (zur Erinnerung: Der BdU hatte 300 gefordert). Von diesen wurden 23 (+ 3 später) ins Mittelmeer abgestellt. Grund dafür war die oftmals mangelnde Einsatzfreudigkeit der verbündeten italienischen Flotte, die zwar schöne Schiffe und viele U-Boote hatte, aber starke Zurückhaltung von seiten der Marineleitung, gepaart mit vielen fragwürdigen Praktiken, zwangen die deutsche Regierung, entsprechend zu reagieren. Sechs Boote standen westlich Gibraltar und vier in Norwegen. Die nach Norwegen geschickten Boote hatten auch, was diese Maßnahme angeht, ihre Vorgeschichte. Aufgrund eines britischen Kommandounternehmens bei Alesund vom 26./27. Dezember 1941 fürchtete sich Hitler permanent vor einer bevorstehenden Invasion in Norwegen.
Nach Abzug dieser zweckentfremdend eingesetzten Boote blieben ganze 55 für den eigentlichen Atlantikeinsatz übrig. Aber tatsächlich waren es nur 22, und von diesen befand sich die Hälfte auf dem Hin- und Rückmarsch. Insgesamt 60 Prozent der Boote befanden sich zur Reparatur in den Stützpunkten. Somit standen für den eigentlichen Kampf nur 10 bis 12 Boote = etwa 12 Prozent zur Verfügung. Das war äußerst dürftig, wenn man bedenkt, welche Aufgaben sie zu bewältigen hatten. Für den geplanten »Paukenschlag« vor der Ostküste der USA konnte der BdU ganze fünf Boote abstellen – das Vielfache wäre nötig gewesen. Dafür befahl Hitler (der sich selten in die Belange der Kriegsmarine einmischte) aber zusätzliche 20 U-Boote nach Norwegen. Somit waren Ende März 1942 von nunmehr 115 Frontbooten immerhin 39 dem Atlantikeinsatz entzogen – eine empfindliche Lücke. Anstatt zu »klotzen« wurde »gekleckert« – eine fragwürdige politische Entscheidung von ganz oben. Am 30. September 1942 gab es 199 Frontboote, 112 befanden sich in der Erprobung und Ausbildung, 56 an den Schulen. Das waren immerhin insgesamt 367 Boote. Bis zu diesem Zeitpunkt hatte die U-Bootwaffe aber auch 105 Boote verloren. Das Haupteinsatzgebiet blieb nach wie vor der Atlantik. Dort liefen die großen Geleitzüge und dort fanden die großen erbitterten Geleitzugschlachten statt. Die von England nach der Sowjetunion laufenden Geleite erwecken bei Betrachtung der Auflistung mehr den Eindruck eines »Nebenkriegsschauplatzes«. Das stimmt aber nicht. Der Kampf im Nordmeer war ebenso hart und unerbittlich, wies allerdings nicht die erwarteten Erfolge auf. Zum anderen hatte sich mit der Okkupation Persiens durch die Sowjets und Briten am 25. August 1941 ein zwar beschwerlicherer, aber umso sicherer Versorgungsweg über Land aufgetan.

Im Frühjahr 1943 erreichte die U-Bootwaffe in etwa die Stärke, die der BdU immer wieder gefordert hatte. Am 1. März 1943 hatten 400 Boote in Dienst gestellt, 47 befanden sich in der Ausrüstung, weitere 245 in Bau. Von den 400 in Dienst befindlichen Booten waren 52 Schulboote, 119 befanden sich in der Ausbildung, sieben waren für Versuche abgestellt, 222 waren im Fronteinsatz. Von diesen 222 Booten befanden sich im Nordmeer (Norwegen) 18, im Mittelmeer 19, im Schwarzen Meer (nicht mehr als ein Nebenkriegsschauplatz für U-Boote) drei und 182 im Atlantik. Von diesen wiederum standen 114 in See, 68 lagen in den Stützpunkten. Von den in See befindlichen 114 Booten befanden sich 22 auf dem Hin- und Rückmarsch, 70 direkt an der Front: 43 im Nordatlantik, 13 im Mittelatlantik, fünf im Westatlantik und sieben im Südatlantik.

Das Jahr 1943 war in zweifacher Hinsicht ein Schicksalsjahr der deutschen U-Bootwaffe. Zum einen brachte es noch einmal große Erfolge, zum anderen läutete es das Ende ein.
Der Zenit der Erfolge wurde im Frühjahr 1943 erreicht. In einer etwa 20-tägigen Geleitzugschlacht wurden im März aus vier großen Geleitzügen insgesamt 39 Schiffe versenkt. Knapp acht Wochen später kam die große Wende. Im Mai des Jahres gingen 43 Boote verloren, im Juni ging die Zahl leicht zurück auf 17, aber im Juli waren es nochmals 37.
Diese nicht zu ersetzenden Verluste veranlaßten den BdU vorübergehend alle Boote aus dem Atlantik zurückzuziehen. Aber er gab nicht auf. Man hat ihm in den späteren Jahren oft den Vorwurf gemacht, die Boote, seine Männer, immer wieder hinausgejagt, sie praktisch »verheizt« zu haben. Das stimmt nicht! Es mußten die Boote wieder hinaus: Jedes Boot band gegnerische Kräfte, der Feind durfte sich nie sicher sein, daß die Gefahr und Bedrohung vorbei sei. Besonders wurden Luftstreitkräfte der Gegner gebunden und so vom Einsatz über Deutschland und Teilen Europas abgehalten.
Das war der Grund für den weiteren Einsatz, der allerdings nicht mehr in großen Zahlen erfolgte.
Eines aber war sicher, *die Schlacht im Atlantik war fürs erste verloren*. Da war ja auch das gewaltige Potential der Amerikaner. Um den Gegner zu bezwingen, bedurfte es einer monatlichen Versenkungsrate von mindestens

700 000 BRT, und das erwies sich angesichts der massierten Abwehr als unmöglich. Hatten die Alliierten (vorwiegend die Amerikaner) 1942 bereits 7,9 Mio BRT neuen Schiffsraum gebaut, kam es 1943 zu einer Steigerung auf 14,39 Mio BRT. Das bedeutete, die Alliierten bauten mehr Schiffe, als die Unterseeboote versenken konnten. *Die Wende war da.*

Nach anfänglichen Schwierigkeiten in der U-Boot-Abwehr und -Bekämpfung (fehlender Geleitschutz, sogar Großkampfschiffe wurden dafür herangezogen, allerdings weniger wegen der U-Boot-Gefahr, sondern wegen der gleichzeitig auf allen Gewässern rührigen deutschen schweren Einheiten und Hilfskreuzer), stabilisierte sich die Lage für die Royal Navy. Zum einen kamen die zusätzlichen Geleitfahrzeuge aus den USA, zum anderen begann man, diese – vor allem Korvetten – in Massen selbst zu bauen.

Die Zahl der Geleitzüge nahm zu, die der Geleitfahrzeuge ebenfalls, die Geleitzüge wurden zahlenmäßig immer größer. Hinzu kam die zunehmende Dichte der Luftüberwachung; Eindringtiefe und Reichweite der gegnerischen Flugzeuge nahm zu, desgleichen ihre Zahl. Und da auch die Zahl der U-Boote zunahm, die bald in Rudeln über die Geleitzüge herfielen, wurde der Kampf stetig härter.

Waren es von Mitte bis Ende 1941 in der Hauptsache die Zerstörer, Sloops und Korvetten, die die U-Boote abzuwehren und zu bekämpfen hatten, übernahm nun langsam das Flugzeug diese Rolle.

Aber es gab noch andere Faktoren, die im Verlauf der vielen Geleitzugschlachten eine wichtige und später sogar entscheidende Rolle spielten, so daß die U-Boote oftmals – insbesondere ab Mitte 1943 – kaum noch zum Zuge kamen. Das waren die gegnerischen Funkpeilsysteme – das HF/DF, kurz HUFF-DUFF genannt. Es war eine kleine, unscheinbare Antenne auf dem Groß- oder Fockmast der Geleitfahrzeuge (die bald alle damit ausgerüstet waren). Mit Hilfe dieser Anlage war es möglich, den Standort jedes mit Kurzsignal funkenden Unterseebootes festzustellen. Dann liefen die Abwehrmaßnahmen an. Dabei wäre es so einfach gewesen, dieses alles viel früher bzw. früh genug zu erkennen. Die gegenüber Gibraltar in Algeciras sitzenden deutschen Agenten waren durchaus nicht untätig. Sie fotografierten jedes Gibraltar anlaufende und verlassende Schiff. Um aber zu vertuschen, daß sie nicht nur da saßen sondern auch zu erschweren, daß gegnerische Agenten mitbekamen, wo die Aufnahmen gemacht worden waren, wurden diese vor Ablieferung heftig retuschiert: Hintergrund usw., damit auch die Antenne.

Aber es gab auch »mitdenkende« deutsche Kommandanten. Da war z. B. der Kapitän zur See Rogge, dessen Hilfskreuzer ATLANTIS dem Gegner in die Arme lief. Die Besatzung wurde von dem Versorger PYTHON übernommen, der seinerseits wenige Tage später gestellt und versenkt wurde. Die Besatzungen beider Schiffe wurden von Unterseebooten in einer abenteuerlichen Odyssee quer über den Atlantik nach Hause gebracht. Sowohl die Versenkung des Hilfskreuzers und auch des Hilfsschiffes, und das trifft auch für die Unterseeboote zu, die zu diesem Zeitpunkt in der Nähe waren, veranlaßten die Kommandanten zum Nachdenken; sie waren der festen Überzeugung, daß da etwas Unbekanntes wäre, dem man Beachtung schenken sollte. Diese Ansichten wurden nach sicherer Rückkehr in die Heimat vorgetragen – nicht nur vom Hilfskreuzerkommandanten, sondern auch von den U-Bootkommandanten (ähnliches war bereits zuvor und wiederholt von anderen Kommandanten zur Sprache gebracht worden) –, aber man stieß auf taube Ohren. Da alles etwas unglaubhaft erschien und vor allem »nicht sein darf, was nicht sein kann«, wurden die Aussagen zwar zur Kenntnis, dann aber unter Verschluß genommen, Beteiligte erhielten Redeverbot!

Aber es war ja nicht das »Huff/Duff« allein, in Verbindung damit steht auch das Knacken des deutschen Funkschlüssels aufgrund der erbeuteten deutschen Schüsselunterlagen und -geräte (Ausgangspunkt war das den Briten von den Polen bereits 1939 überlassene »Enigma«). Mit Hilfe dieses Gerätes entschlüsselten die Experten der im Londoner Bletchly Park sitzenden »Operations Research Sections« nach langen Mühen die Mehrzahl der deutschen Funksprüche. Dadurch konnten die zahlreichen U-Jagdgruppen entsprechend reagieren. Eine wertvolle Hilfe waren dabei die im Verlauf des Jahres 1941 erbeuteten deutschen Unterlagen, wie am 4. März 1941 die des Vorpostenbootes KREBS (V 6301), am 7. Mai 1941 des Wetterbeobachtungsschiffes MÜNCHEN (WBS 6) und schließlich die von U 110. Das alles blieb der deutschen Führung verborgen, nichts drang an die Außenwelt. Zwar hat es nach dem Kriege eine ganze Reihe Publikationen zu diesem Thema gegeben, aber nicht alles wurde veröffentlicht. Vieles wurde erst nach Ablauf einer 30- und 50-Jahressperre freigegeben und lagert – heute jedermann zugänglich – in englischen Archiven. Die letzten »Geheimnisse« um dieses Kapitel unterliegen jedoch einer 99-Jahresfrist (genau so wie das Endschicksal eines U-Bootes mit hoher »Hausnummer«, in allen Publikationen als im Januar 1945 vor der schottischen Ostküste verschollen, Totalverlust, 52 Tote – nach einer anderen Quelle am 30. März 1945 versenkt).

Weitere Schlüsselunterlagen erbeuteten die Alliierten am 27. Juni 1941 auf dem Wetterbeobachtungsschiff LAUENBURG (WBS 2) sowie auf den zur Versorgungskette des Unternehmens »Rheinübung« (BISMARCK und

PRINZ EUGEN) gehörenden Versorgungstankern (GEDANIA (4. Juni 1941) und LOTHRINGEN (15. Juni 1941).
Aufgrund der Einpeilung der Unterseeboote konnten die Alliierten teilweise Geleitzüge umdirigieren, aber was viel wichtiger war, sie konnten ihre Sicherungsfahrzeuge gezielt ansetzen: entweder frühes Abdrängen der erkannten Unterseeboote oder Angriff und Vernichtung. Vielfach war es wie beim Märchen vom Hasen und Igel. Aufgrund der aufgefangenen Funksprüche und deren Entschlüsselung waren die Gegner in der Lage, gezielt zu reagieren. So kam es wiederholt vor, daß der Gegner bereits präsent war, wenn die zu einem verabredeten Treffen anlaufenden Boote eintrafen. Meistens waren es Versorgungsprobleme, die zu solchen Treffen zwangen.
Eine andere entscheidende Waffe gegen die Unterseeboote war das RADAR. Bald waren alle Geleitfahrzeuge mit dieser Ortungsanlage ausgerüstet, was ihnen die Früherkennung von anlaufenden U-Booten und auch die Jagd wesentlich erleichterte. Als es schließlich gelang, diese Anlagen so zu konstruieren, daß sie auch von Flugzeugen mitgeführt werden konnten, wurde auch die Jagd aus der Luft wesentlich erfolgreicher. Schließlich kam ein britischer Flight Commander (Geschwaderkommandeur) mit Namen Leigh auf die Idee, das an Bord der Flugzeuge installierte RADAR-Gerät ASV Mark III mit einem Scheinwerfer zu koppeln. Die Piloten hatten bald eine gewisse Routine bei der U-Jagd. So wurden mehr als ein Boot nachts bei der Überwasserfahrt überrascht (die Nacht wurde zur Batterieladung genutzt, bei Tage war das bald unmöglich). Das Flugzeug ortete das Boot, stellte die Motoren ab, näherte sich im Gleitflug dem Opfer, schaltete den Scheinwerfer ein und warf seine Bomben ins Ziel.
Die deutschen Abwehrmaßnahmen litten stark darunter, daß man seit Kriegsbeginn die Weiterentwicklung brauchbarer Funkmeßgeräte und -anlagen sträflich vernachlässigt hatte (auf höchste Weisung!). Folglich gab es einen großen Nachholbedarf, der darunter litt, daß keine einheitliche Entwicklung bestand. Als erste Lösung kam das METOX zum Einsatz, auch »Biskaya-Kreuz« genannt. Das Gerät mußte nicht nur mühsam montiert, bei Ortung abgebaut und verstaut werden, es erwies sich sogar als »Bumerang«, denn es strahlte mehr ab als es empfing; es erleichterte dem Gegner damit die Ortung. Im Verlauf des Krieges folgten beim Gegner zahlreiche verbesserte Anlagen wie das FuMB 2 = SADIR, MuMB 3 = DOMEYER, FuMB 4 = SAMOS, FuMB 7 = NAXOS und andere, wie BALI, aber auch eigene Funkmeßortungsanlagen, wie FuMO 61 = HOHENTWIEL U, FuMO 65 = HOHENTWIEL U 1 oder FuMO 391 u.a.m. Aber alles war im Grunde genommen Stückwerk, Reaktion statt Aktion, und vor allem, das meiste davon kam zu spät zum Einsatz.
Zur Ortung gehörte auch das ASDIC – heute SONAR genannt –, ein Unterwasserortungsgerät, dessen unangenehme Eigenschaften jedem U-Bootfahrer bekannt sind, bedeuteten doch die »Ping-Ping-Geräusche«, daß das Boot geortet war, die Verfolgung begann. Sie endete in den meisten Fällen tödlich.
Zwar kam es auch hier zum Versuch, dieser Ortung zu begegnen, aber dieser war nur kurzzeitig erfolgreich. Das geortete Boot schoß einen »Bold«, ein Behälter, der in einem gewissen Abstand vom Boot einen dichten Luftwirbel entfachte und so – dem Bootskörper entsprechend – eine Masse darstellte, was den Gegner veranlaßte, sich auf diesen Wirbel als dem vermeintlichen Gegner zu konzentrieren. Aber diese Täuschung war nur von kurzer Dauer, später fielen die Verfolger darauf nicht mehr herein.
Durch den Einsatz von immer mehr Langstreckenflugzeugen wurden die sogenannten »Black Pits«, die schwarzen Löcher im Atlantik immer kleiner. Es gab praktisch keinen Bereich mehr, der nicht von Flugzeugen überwacht wurde, und wo das noch der Fall war, da fuhren keine Handelsschiffe. Hinzu kamen ab etwa 1943 die sogenannten »Hunter-Killer-Groups«, eigenständig operierende kleine Verbände, bestehend aus einem Geleitträger und mehreren Zerstörern oder Geleitzerstörern. Die Flugzeuge standen ständig in der Luft, und in dem Moment, wo ein U-Boot gesichtet oder geortet war, begann die Jagd. Dabei hatten die Jäger Zeit. Da sie wußten, wo sich das U-Boot aufhielt und sich ausrechnen konnten, wann es zum Auftauchen gezwungen war (Batterieladung, nur über Wasser möglich, die Tauchzeit war begrenzt), griffen sie in dem Augenblick an, wenn es die Oberfläche durchbrach. Oft erwischten sie das Boot auch bei Überwasserfahrt. Von 1935, dem Jahr der Indienststellung der ersten deutschen Unterseeboote, bis 1945 wurden für die Kriegsmarine insgesamt 1171 Boote in Dienst gestellt. Von diesen kamen im Verlauf der Jahre 863 zum Fronteinsatz. Davon gingen 739 Boote verloren: 603 durch Feindeinwirkung in See, sieben durch Unfall, 20 auf ungeklärte Weise. In der Heimat wurden 81 Boote das Opfer von Bomben und Minen. Aufgeschlüsselt waren es: Atlantik/Kanal/Biskaya 458 Boote mit 18 897 Männern; Mittelmeer 51 Boote mit 1344 Männern; Westindien 11 Boote mit 427 Männern, Indischer Ozean 11 Boote mit 510 Männern; Heimat und fremde Gebiete 49 Boote mit 491 Männern.
Insgesamt 11 Boote wurden an Verbündete abgegeben und 38 vorzeitig außer Dienst gestellt. 215 Boote wählten 1945 den Weg der Selbstversenkung und 153 kamen dem Gebot der Siegermächte – Auslieferung – nach.

Die Gesamtpersonalstärke der bis zuletzt überwiegend aus Freiwilligen bestehenden U-Bootwaffe betrug 41 500 ± 200 Mann. Bis Ende 1987 waren im U-Boot-Ehrenmal Möltenort 28 742 Gefallene registriert, später erhöhte sich die Zahl auf 30 003.

Insgesamt 4786 Schiffe mit 21 194 000 BRT Vermessung wurden im Verlauf des Zweiten Weltkrieges versenkt. Davon gehen 2775 Schiffe mit 14 570 000 BRT auf das Konto deutscher Unterseeboote. 29 994 Seeleute ließen hierbei ihr Leben.
Die Atlantikschlacht war hart und unerbittlich, beide Seiten schenkten sich nichts. Lag der Schwerpunkt der U-Boot-Bekämpfung zu Beginn in Händen der wenigen Geleitfahrzeuge, verlagerte er sich mehr und mehr auf das Flugzeug. Von den 603 am Feind gebliebenen Booten wurden allein 63 Prozent von Flugzeugen versenkt.

Die Kennung der wichtigsten Geleitzüge

Kennung	von	nach	Bemerkungen
SC	Sydney/Neuschottland	England	Langsamfahrer, ab Sommer 1940 wöchentlich
ONS	England	Sydney/Neuschottland	Langsamfahrer, ab Mitte 1941 wöchentlich
OA	England	westgehend	Beide nur bis Juni 1941;
OB	England	westgehend	Lösten sich jeweils ab 30 Grad West auf
PQ	England/Island	Murmansk/Archangelsk	Bis PQ 18 monatlich im Winter
JW	England/Island	Murmansk/Archangelsk	Ab Dezember 1942, beginnend mit JW 51 monatlich im Winter
QP	Murmansk/Archangelsk	Island/England	Rückläufer, bis QP 15 monatlich im Winter
RA	Murmansk/Archangelsk	Island/England	Rückläufer, ab Januar 1943 beginnend mit RA 51 monatlich
HG	Gibraltar	England	Bis Ende 1942 alle zwei Wochen, dabei teilweise
OG	England	Gibraltar	Verzögerungen im Rhythmus
SL	Sierra-Leone	England	Alle zwei Wochen
OS	England	Sierra-Leone	Alle zwei Wochen
WS			Winstons Spezielle Konvois = Truppentransporte
AS	USA	Freetown	Militärische Geleitzüge ab März 1942
AT	New York	England	Militärische Geleitzüge ab März 1942, dann mit einem weiteren Geleit Kennung NA vereinigt
OF	Kapstadt/Freetown	England	ab Mai 1941
CG	Casablanca	Gibraltar	ab Januar 1943 als Ersatz für das Geleit mit Kennung FT
CT	England	USA	Militärische Geleitzüge ab August 1941
GM	Gibraltar	Malta	Militärische Geleitzüge ab Juni 1941
GUS	Gibraltar	USA	ab November 1942

Kennung	von	nach	Bemerkungen
HG	Gibraltar	England	September 1939 bis September 1942, dann übernommen durch Geleite mit Kennung MKF und MKS
HX	Halifax	England	Schnelle Geleite, von September 1939 bis September 1942 wöchentlich
	New York	England	dito, von September 1942 bis Mai 1945 wöchentlich
ON	England	Norwegen	1939/40, später schnelle Geleite, wöchentlich
	England	USA	dito
ONF	England	USA	schnelle Geleite, wöchentlich
OA	Southend	Outward/USA	
OE	Liverpool	Outward/USA	
HN	Norwegen	England	1939/40
CU	Karibik	England	
OT	USA	Afrika	
TO	Afrika	USA	
RS	Gibraltar	Westafrika	
SR	Westafrika	Gibraltar	
TM	Trinidad	Gibraltar	
UC	England	Karibik	

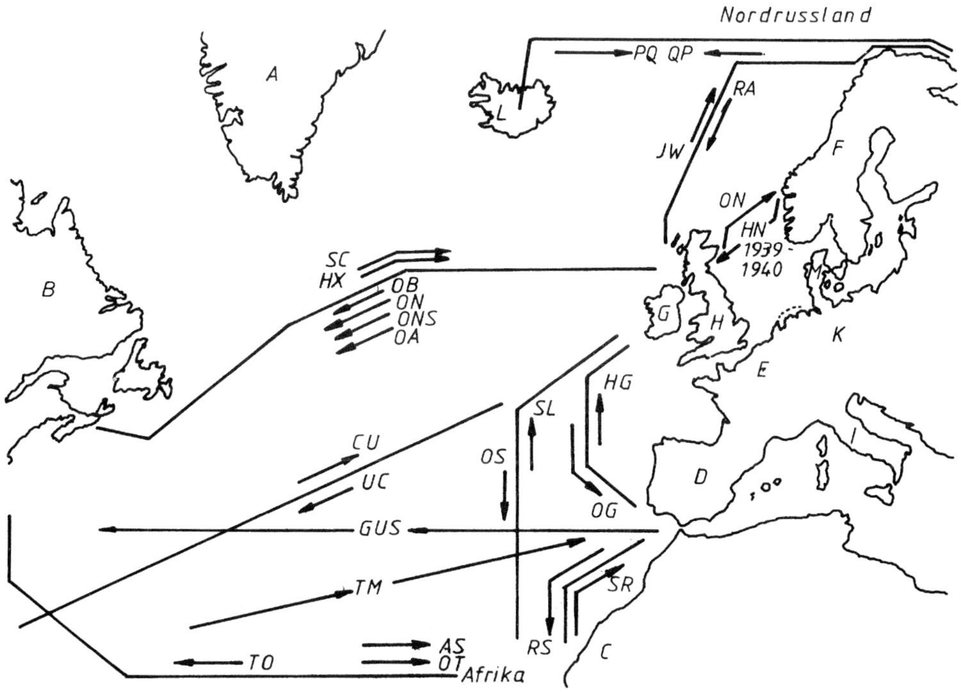

Convoy - Hauptrouten im Nordatlantik

A = Grönland	G = Irland
B = Kanada / USA	H = England / Schottland / Wales
C = Nordafrika	I = Italien
D = Spanien	K = Deutschland
E = Frankreich	L = Island
F = Norwegen	M = Dänemark

Die Kennungen der einzelnen Convoys sind der Tabelle zu entnehmen.

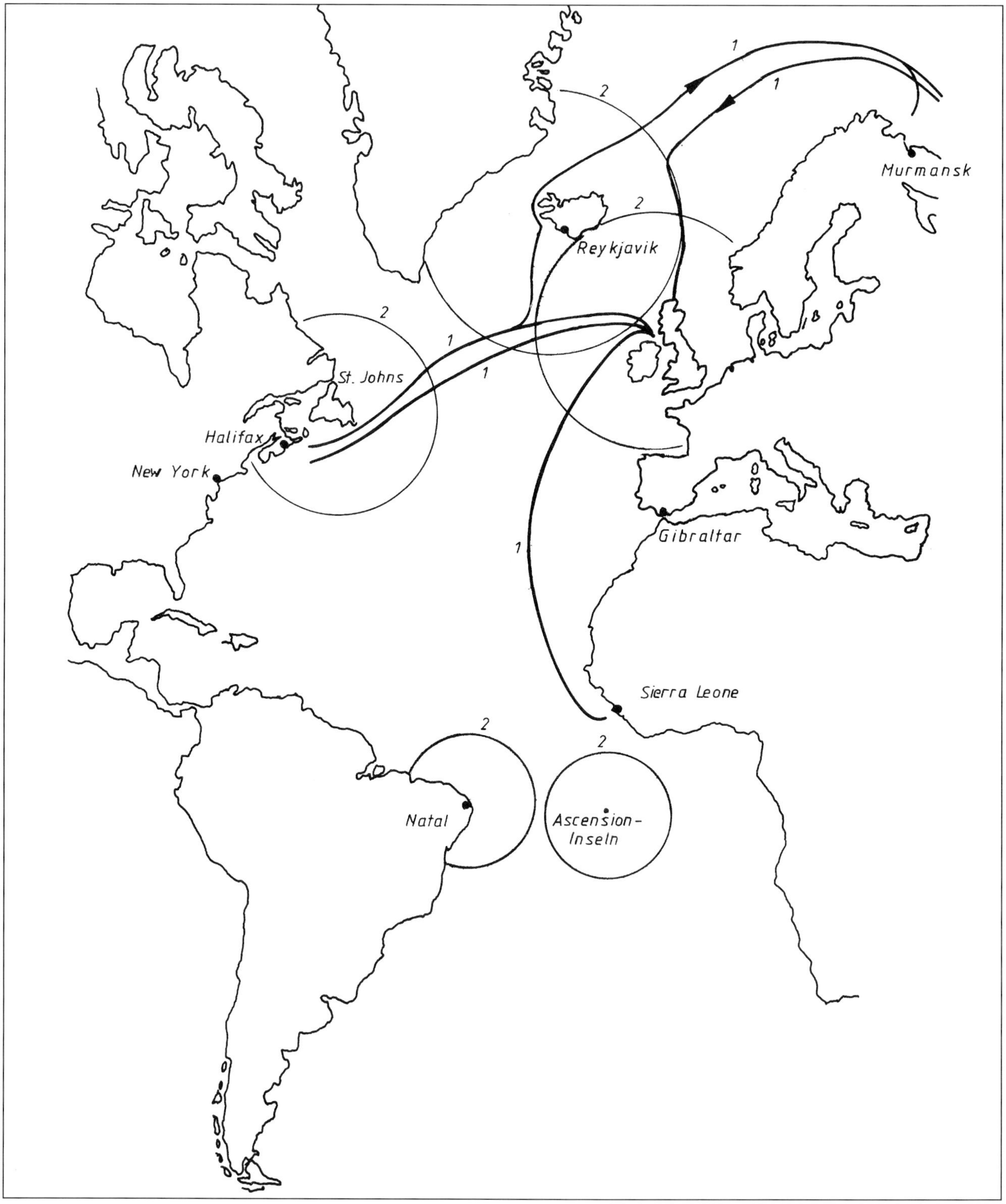
Murmansk
Reykjavik
St. Johns
Halifax
New York
Gibraltar
Sierra Leone
Natal
Ascension-
Inseln
1
2

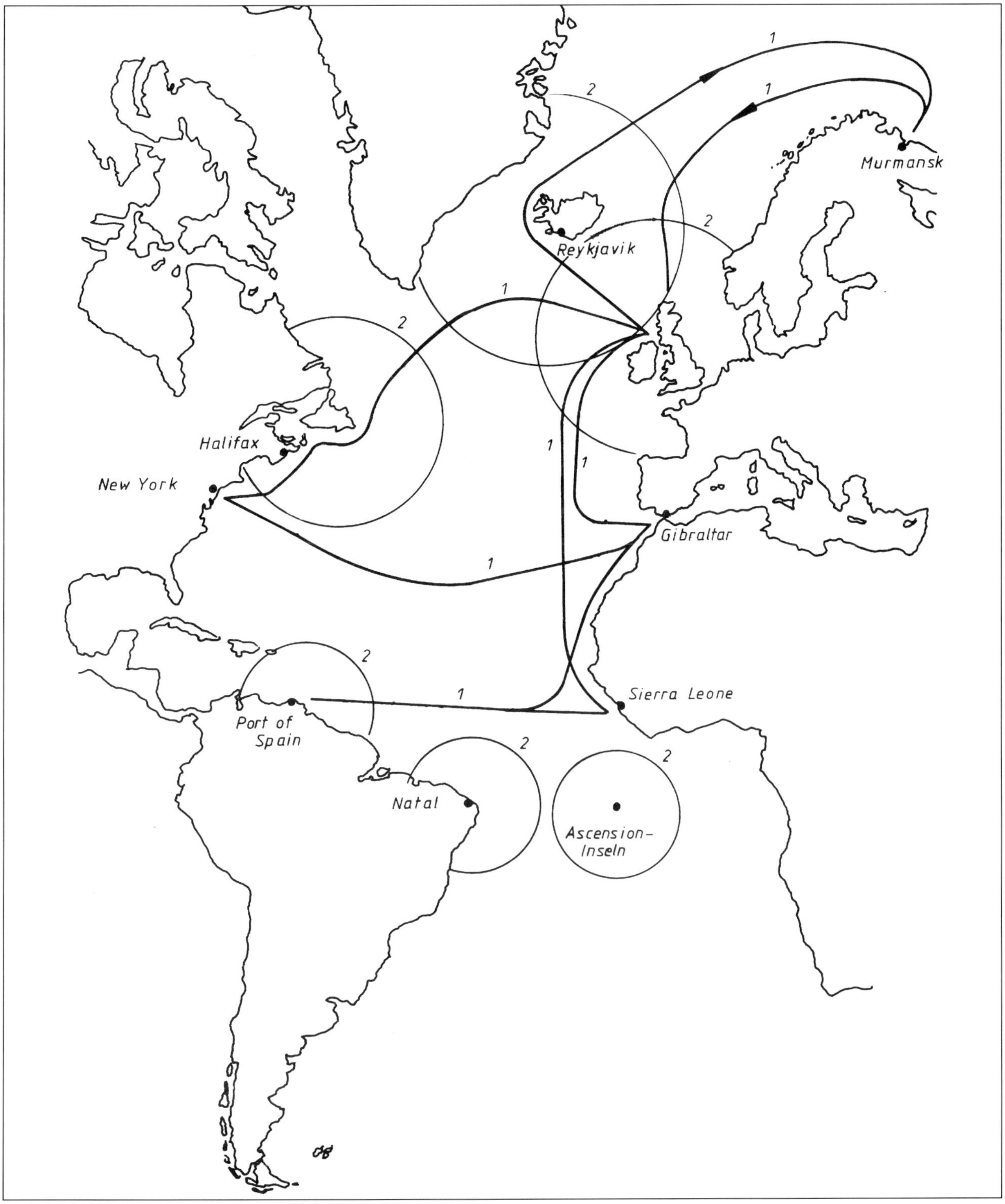
1
1
2
Murmansk
2
Reykjavik
1
2
Halifax
1
1
New York
Gibraltar
1
2
Sierra Leone
1
Port of
Spain
2
2
Natal
Ascension-
Inseln

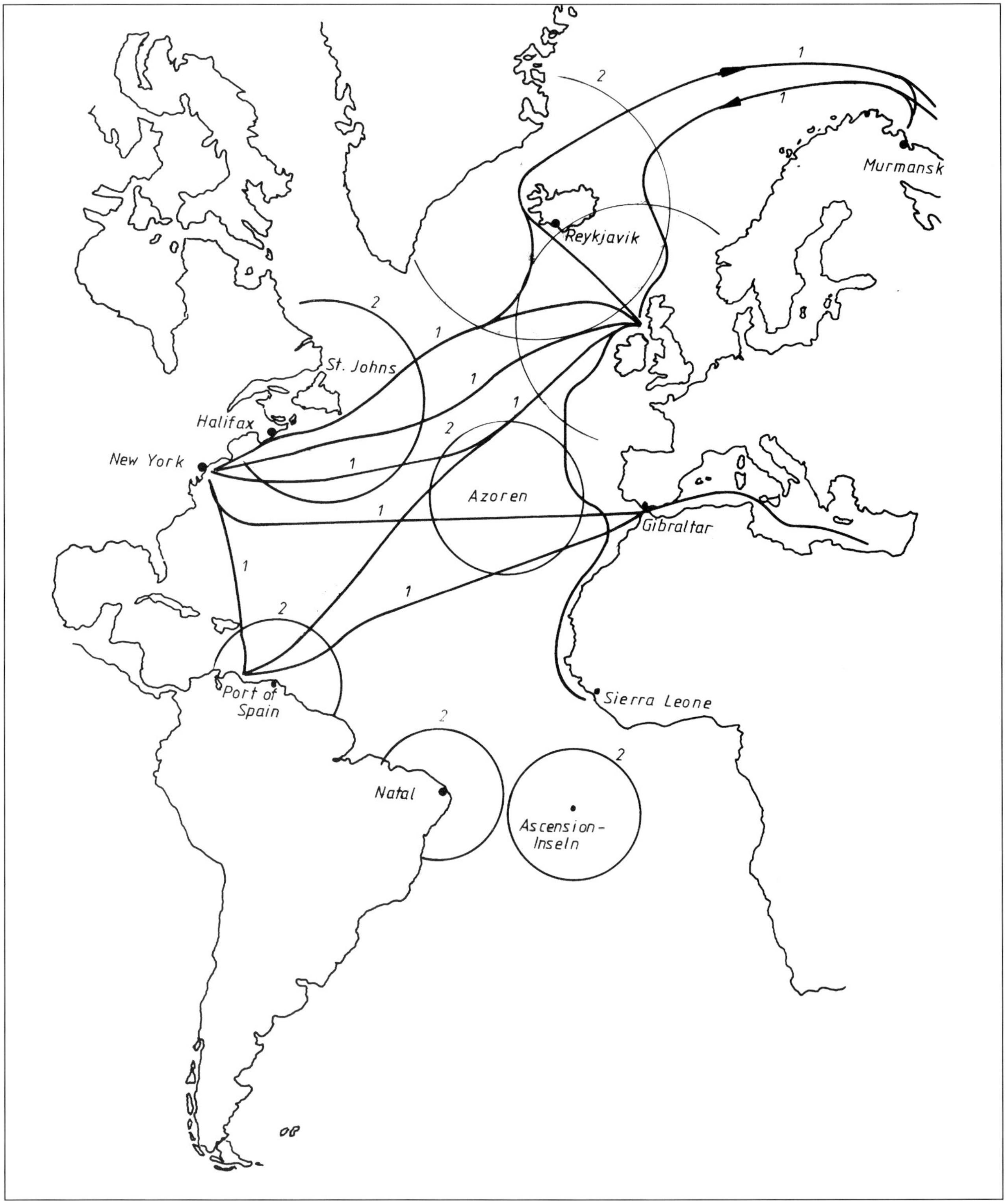
1
2
1
Murmansk
Reykjavik
2
1
St. Johns
1
Halifax
1
New York
2
1
Azoren
1
Gibraltar
1
1
2
Port of
Spain
Sierra Leone
2
2
Natal
Ascension-
Inseln

Geleitzüge nach und von der Sowjetunion 1941 bis 1945

Kennung	Auslaufhafen/ -station/ -datum	Anzahl der Schiffe	Zielhafen/Datum der Ankunft	Verluste	Bemerkungen
Derwisch	Hvalfjord/21.8.41	7	Archangelsk/31.8.41	–	
PQ 1	Hvalfjord/29.9.41	10	Archangelsk/11.10.41	–	
PQ 2	Scapa Flow/17.10.41	6	Archangelsk/31.10.41	–	
PQ 3	Hvalfjord/9.11.41	8	Archangelsk/18.11.41	–	1 Schiff umgekehrt
PQ 4	Hvalfjord/17.11.41	8	Archangelsk/28.11.41	–	
PQ 5	Hvalfjord/27.11.41	7	Archangelsk/12.12.41	–	
PQ 6	Hvalfjord/8.12.41	7	Murmansk/20.12.41 Molotowsk/23.12.41	–	
PQ 7	Hvalfjord/26.12.41	2	Murmansk/11.1.41	–	
PQ 8	Hvalfjord/8.1.42	7	Murmansk/17.1.42	–	
PQ 9 + 10	Hvalfjord/1.2.42	10	Murmansk/ –	–	
PQ 11	Loch Ewe/6.2.42	13	Murmansk/23.2.42	–	
PQ 12	Reykjavik/1.3.42	16	Murmansk/12.3.42	–	
PQ13	Reykjavik/20.3.42	19	Murmansk/31.3.42	5	Im Verlauf der Geleitzugschlacht wurde der Leichte Kreuzer HMS TRINIDAD torpediert und der deutsche Zerstörer Z 26 versenkt
PQ 14	Reykjavik/8.4.42	24	Murmansk/19.4.42	1	16 Schiffe kehrten um
P 15	Reykjavik/26.4.42	25	Murmansk/5.5.42	3	einschließlich drei zum Geleit gehörende Schlepper
PQ 16	Reykjavik/21.5.42	35	Murmansk/30.5.42 Archangelsk/1.6.42	7	1 Schiff umgekehrt
PQ 17	Reykjavik/27.6.42	36	Archangelsk/11.7.42 und 25.7.42 Molotovsk/28.7.42	23	Geleit wurde wegen Meldung, die TIRPITZ und weitere große deutsche Kampfschiffe wären ausgelaufen, zerstreut und aufgelöst. Die Bekämpfung des PQ 17 erfolgte dann jedoch durch U-Boote und die Luftwaffe. Zwei Schiffe kehrten um, ebenfalls drei Rettungsschiffe, von denen eines versenkt wurde
PQ 18	Loch Ewe/2.9.42	40	Archangelsk/17.9.42	13	

Kennung	Auslaufhafen/ -station/ -datum	Anzahl der Schiffe	Zielhafen/Datum der Ankunft	Verluste	Bemerkungen
JW 51 A	Loch Ewe/15.12.42	16	Kola-Bucht/23.12.42 Molotovsk/27.12.42	–	
JW 51 B	Loch Ewe/20.12.42	14	Kola-Bucht/3.1.43	–	Vergeblicher Ansatz durch ADMIRAL HIPPER und LÜTZOW
JW 52	Loch Ewe/17.1.43	14	Kola-Bucht/27.1.43	–	1 Schiff umgekehrt
JW 53	Loch Ewe/15.2.43	28	Kola-Bucht/27.2.43 Weißes Meer/2.3.43	–	6 Schiffe umgekehrt
JW 54 A	Loch Ewe/15.11.43	18	Kola-Bucht/24.11.43 Weißes Meer/28.11.43	–	
JW 54 B	Loch Ewe/22.11.43	14	Kola-Bucht/2.12.43 Weißes Meer/4.12.43	–	
JW 55 A	Loch Ewe/12.12.43	19	Kola-Bucht/20.12.43 Weißes Meer/22.12.43	–	
JW 55 B	Loch Ewe/20.12.43	19	Kola-Bucht/29.12.43 Weißes Meer/31.12.43	–	gegen dieses Geleit wurde das Schlachtschiff SCHARNHORST angesetzt und ging verloren
JW 56 A	Loch Ewe/12.1.44	20	Kola-Bucht/28.1.44	3	5 Schiffe kehrten um, der Zerstörer HMS HARDY wurde versenkt
JW 56 B	Loch Ewe/22.1.44	16	Kola-Bucht/1.2.44	–	
JW 57	Loch Ewe/20.2.44	42	Kola-Bucht/28.2.44	–	der Zerstörer HMS MAHRATTA wurde versenkt
JW 58	Loch Ewe/27.3.44	49	Kola-Bucht/5.4.44	–	1 Schiff kehrte um
JW 59	Loch Ewe/15.8.44	33	Kola-Bucht/25.8.44 Weißes Meer/27.8.44	–	die Sloop HMS KITE wurde versenkt
JW 60	Loch Ewe/15.9.44	30	Kola-Bucht/23.9.44 Weißes Meer/25.9.44	–	
JW 61	Loch Ewe/20.10.44	29	Kola-Bucht/28.10.44 Weißes Meer/30.10.44	–	
JW 62	Loch Ewe/29.11.44	30	Kola-Bucht/7.12.44	–	

JW 63	Loch Ewe/30.12.44	35	Kola-Bucht/8.1.45 Weißes Meer/9.1.45	–	
JW 64	Clyde/3.2.45	26	Kola-Bucht/13.2.45 Weißes Meer/15.2.45	–	
JW 65	Clyde/11.3.45	24	Kola-Bucht/21.3.45	2	die Slop HMS LAPWING wurde versenkt
JW 66	Clyde/16.4.45	2	Kola-Bucht/25.4.45 Weißes Meer/28.4.45	–	
JW 67	Clyde/12.5.45	23	Kola-Bucht/20.5.45 Weißes Meer/22.5.45	–	

Es waren insgesamt 40 Geleitzüge, die zwischen 1941 und 1945 auf der Nordatlantik/Nordmeer-Route Nachschubgüter in die Sowjetunion brachten. Die Zusammenstellung der Geleitzüge erfolgte in Schottland oder Island, Zielhäfen waren Murmansk, Archangelsk, Molotovsk und das Weiße Meer.
Zu diesen 40 Geleitzügen zählten insgesamt 811 Schiffe. Versenkt wurden 58, ihr Ziel erreichten 720 (von denen fünf noch nach ihrer Ankunft verloren gingen). 33 Schiffe kehrten um.

Nach Schlauch »Rüstungshilfe der USA an die Verbündeten im Zweiten Weltkrieg«, gingen allein an die UdSSR:

Juli bis September 1941 von insgesamt	360 778 Tonnen auf der Nordmeerroute	153 977 Tonnen
Juli bis September 1942 von insgesamt	2 388 990 Tonnen auf der Nordmeerroute	949 811 Tonnen
Juli bis September 1943 von insgesamt	4 676 601 Tonnen auf der Nordmeerroute	681 043 Tonnen
Juli bis September 1944 von insgesamt	6 089 820 Tonnen auf der Nordmeerroute	1 452 775 Tonnen
Januar bis September 1945 von insgesamt	2 850 558 Tonnen auf der Nordmeerroute	726 725 Tonnen

Kennung	Auslaufhafen/ -station/ -datum	Anzahl der Schiffe	Zielhafen/Datum der Ankunft	Verluste	Bemerkungen
QP 1	Archangelsk/28.9.41	14	Scapa Flow/9.10.41	–	
QP 2	Archangelsk/2.11.41	12	Kirkvall/17.11.41	–	
QP 3	Archangelsk/27.11.41	10	Seidisfjord/7.12.41	–	2 Schiffe umgekehrt
QP 4	Archangelsk/20.12.41	13	Seidisfjord/16.2.42	–	2 Schiffe umgekehrt
QP 5	Murmansk/13.1.42	4	Reykjavik/24.1.42	–	
QP 6	Murmansk/24.1.42	6	Clyde/2.2.42	–	
QP 7	Murmansk/12.2.42	8	Seidisfjord/22.2.42	–	
QP 8	Murmansk/1.3.42	15	Reykjavik/11.3.42	1	
QP 9	Murmansk/21.3.42	19	Reykjavik/3.4.42	–	
QP 10	Murmansk/10.4.42	16	Reykjavik/21.4.42	4	1 Schiff umgekehrt
QP 11	Murmansk/28.4.42	13	Reykjavik/7.5.42	1	
QP 12	Murmansk/21.5.42	15	Reykjavik/29.5.42	–	1 Schiff umgekehrt
QP 13	Archangelsk/26.6.42 Murmansk/27.6.42	35	Reykjavik/7.7.42 Loch Ewe	5	
QP 14	Archangelsk/13,9.42	15	Loch Ewe/29.9.42	3	Am Geleit versenkt Zerstörer HMS SOMALI, Minensucher MHS LEDA und Marinetanker GREY RANGER*
QP	Archangelsk/17.11.42	28	Loch Ewe/ 30.11. bis 3.12.42	2	

* Der angeführte Marinetanker GREY RANGER ist unklar. Das Schiff wird zwar in verschiedenen Publikationen als versenkt angeführt, ist aber in keiner amtlichen Liste der Royal Navy verzeichnet. Auch in den amtlichen Verlustlisten wird das Schiff – weder in der der Royal Navy noch in der die Handelsmarine betreffenden – erwähnt.
Siehe: His Majesty's Stationary Office, London 1947 »Ships of the Royal Navy – Statement of Losses during the Second World War and British Merchant Vessels lost or damaged by Enemy Action during the Second World War« im Reprint als »British Vessels lost at sea 1939–1945« in Cambridge 1976 verlegt. Auch diese Ausgabe im Auftrag von Her Majesty's Stationary Office, London.

Kennung	Auslaufhafen/ -station/ -datum	Anzahl der Schiffe	Zielhafen/Datum der Ankunft	Verluste	Bemerkungen
RA 51	Kola-Bucht/30.12.42	14	Loch Ewe/11.1.43	–	
RA 52	Kola-Bucht/29.1.43	11	Loch Ewe/8.2.43	1	
RA 53	Kola-Bucht/1.3.43	30	Loch Ewe/14.3.43	4	
RA 54 A	Archangelsk/1.11.43	13	Loch Ewe/14.11.43	–	
RA 54 B	Archangelsk/26.11.43	9	Loch Ewe/9.12.43	–	
RA 55 A	Kola-Bucht/23.12.43	22	Loch Ewe/1.1.44	–	1 Schiff umgekehrt
RA 55 B	Kola-Bucht/31.12.43	8	Loch Ewe/8.1.44	–	
RA 56	Kola-Bucht/3.2.44	37	Loch Ewe/11.2.44	–	
RA 57	Kola-Bucht/2.3.44	31	Loch Ewe/10.3.44	1	
RA 58	Kola-Bucht/7.4.44	36	Loch Ewe/14.4.44	–	
RA 59	Kola-Bucht/28.4.44	45	Loch Ewe/6.5.44	1	
RA 59 A	Kola-Bucht/28.8.44	9	Loch Ewe/6,9.44	–	
RA 60	Kola-Bucht/28.9.44	30	Loch Ewe/5.10.44	2	
RA 61	Weißes Meer/30.10.44 Kola-Bucht/2.11.44	33	Loch Ewe/9.11.44 Clyde/10.11.44	–	
RA 62	Kola-Bucht/10.12.44	28	Loch Ewe/19.12.44 Clyde/20.12.44	–	
RA 63	Kola-Bucht/11.1.45	30	Loch Ewe/21.1.45 Clyde/23.1.45		
RA 64	Kola-Bucht/17.2.45	34	Loch Ewe/28.2.45		2 1 Schiff umgekehrt und 2 Schiffe vor Auslaufen gesunken
RA 65	Kola-Bucht/23.3.45	25	Kirkwall/31.3.45 Clyde und Belfast/1.4.45	–	
RA 66	Kola-Bucht/29.4.45	24	Clyde/8.5.45	–	
RA 67	Kola-Bucht/23.5.45	23	Clyde/31.5.45	–	

Es waren insgesamt 35 rücklaufende Geleitzüge (Kennung QP und RA) mit 715 Schiffen. Acht von ihnen kehrten jeweils um und 27 wurden versenkt, 680 Schiffe erreichten hingegen ihr Ziel.
Außer den Geleitzügen gab es auch Einzelfahrer, besonders schnelle Schiffe. Zwischen dem 29. Oktober 1942 und 2. November 1942 setzten sich von Reykjavik aus mit Kurs UdSSR insgesamt 13 Schiffe in Marsch. Drei von ihnen kehrten wieder um und fünf wurden versenkt. Von diesen Einzelfahrern kehrten zwischen dem 29. Oktober 1942 und 24. Januar 1943 aus der UdSSR zurück nach Akureyri 28 Schiffe, eines ging verloren.

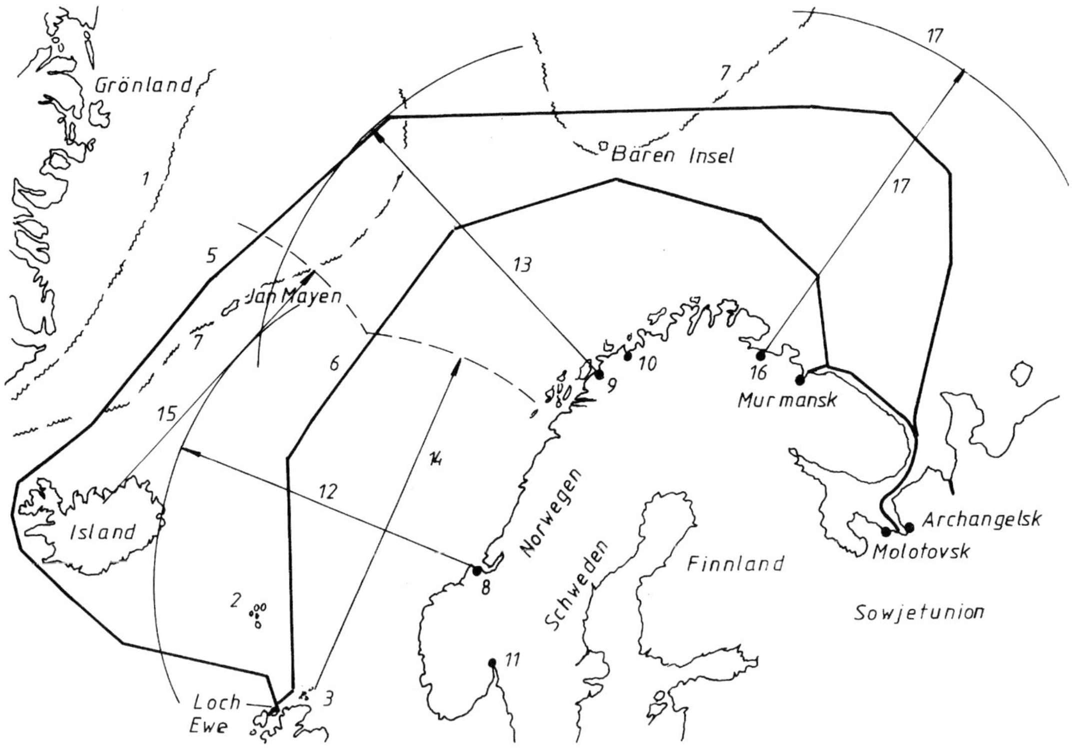

Die Routen der Murmansk- Convoys 1943-1945

1 = Eisgrenze Mitte September
2 = Faröer- Inseln
3 = Scapa Flow
4 = Seidlefjord
5 = Sommerroute der Convoys
6 = Winterroute der Convoys
7 = Eisgrenze Mitte März
8 = Drontheim
9 = Narvik
10 = Tromsö
11 = Oslo
12 = Reichweite der Bomber und Torpedoflugzeuge Ju 88 und He 111 ab Drontheim
13 = Reichweite der Bomber und Torpedoflugzeuge Ju 88 und He 111 ab Tromsö
14 = Reichweite der Flugzeuge des Gegners ab Schottland
15 = Reichweite der Flugzeuge des Gegners ab Island
16 = Kirkenes
17 = Reichweite der Bomber und Torpedoflugzeuge Ju 88 und He 111 ab Kirkenes

Die Flottillen: Januar 1940 bis September 1944

Nr.	Standort/Stützpunkt	Bemerkungen
1.	Kiel/Brest	
2.	Wilhelmshaven/Lorient/Norwegen	
3.	Kiel/La Pallice/La Rochelle/Norwegen	
6.	Danzig/St. Nazaire	
7.	Kiel/St. Nazaire/Norwegen	
9.	Brest	
10.	Lorient	
11.	Bergen	
12.	Bordeaux	
13.	Drontheim	
22.	Ostsee – Gotenhafen	
23.	Salamis	
29.	La Spezia/Toulon/Pola/Marseille/Salamis	
30.	Schwarzes Meer – Konstanza/Feodosia	
	Ostasien: Penang	Diese Boote unterstanden direkt dem BdU

Die Flottillen: September 1944 bis Ende

Nr.	Standort/Stützpunkt	Bemerkungen
2.	Lorient/Norwegen	
3.	La Rochelle/Norwegen	
7.	St. Nazaire	
11.	Bergen	operativ einem FdU West unterstellt
15.	Kristian-Süd (geplant)	
33.	Flensburg/Penang/Djakarta	
13.	Drontheim	operativ einem FdU Nordmeer unterstellt
14.	Narvik	
8.	Ostsee – Königsberg	
Ostasien – Shonan/Singapur/Penang/ Djarkarta/Batavia/Soerabaja/Kobe		operativ dem BdU unterstellt

Ausbildung

Kommandos	Standort	zugehörige Flottille
1. Unterseeboot-Lehrdivision	Neustadt/Hamburg	21.
2. Unterseeboot-Lehrdivision	Gotenhafen	22.
3. Unterseeboot-Lehrdivision	Neustadt	
4. Unterseeboot-Lehrdivision	Memel	
1. Unterseeboot-Ausbildungs-Abteilung	Plön	
2. Unterseeboot-Ausbildungs-Abteilung	Neustadt/Zeven	
3. Unterseeboot-Ausbildungs-Abteilung	Pillau/Schleswig	

Flottillen:	Durchgangs- und Ausbildungsflottillen, dem FdU Ost unterstellt. Von diesen aus erfolgte nach Abschluß der AGRU Front usw. die Weiterleitung zu den Frontflottillen.
4. U-Flottille	Stettin
5. U-Flottille	Standort Kiel, zugleich die größte. Mehr als 340 Boote wurden durchgeschleust (die 7. U-Flottille hatte etwa 29 Boote, die 12. U-Flottille 37 und die 21. U-Flottille 37 Boote)
8. U-Flottille	Standort Königsberg/Danzig
31. U-Flottille	Standort Hamburg/Wilhelmshaven/Wesermünde
32. U-Flottille	Standort Königsberg/Hamburg

Reine Ausbildungs- und Schulflottillen waren:

18. U-Flottille	Hela
19. U-Flottille	Pillau/Kiel
20. U-Flottille	Pillau
23. U-Flottille	Danzig
24. U-Flottille	Danzig/Memel/Drontheim/Gotenhafen/Eckernförde
25. U-Flottille	Danzig/Drontheim/Memel/Libau/Gotenhafen/Travemünde
26. U-Flottille	Pillau/Warnemünde
27. U-Flottille	Gotenhafen

Die U-Boot-Typen

Typ I A: Davon gab es nur zwei Boote, die schon zu Beginn des Krieges verloren gingen. Sie entsprachen in ihren Daten in etwa dem Typ VII.

Typ II: Gebaut in den Variationen A, B, C und D. Diese unterschieden sich durch Vergrößerung der Verdrängung, Länge, verbesserten Fahrbereich und andere Änderungen.
Ihre Verdrängung lag über Wasser zwischen 254 und 314 t, unter Wasser zwischen 303 und 364 t. Die Länge in der Konstruktionswasserlinie lag zwischen 27,80 und 29,80 m, die Länge über alles zwischen 40,90 und 43,97 m. Der Fahrbereich des Typs II A lag über Wasser bei 1600 sm : 8 kn und 1050 sm : 12 kn. Unter Wasser waren 35 sm : 4 kn.
Der Fahrbereich des Typs II B lag über Wasser bei 3100 sm : 8 kn und 1800 sm : 12 kn. Unter Wasser waren es 35–43 sm : 4 kn.
Der Fahrbereich des Typs II C lag über Wasser bei 3800 sm : 8 kn und 1900 sm : 12 kn. Unter Wasser waren es 35–42 sm : 4 kn.
Der Fahrbereich des Typs II D lag über Wasser bei 5650 sm : 8 kn und 3450 sm : 12 kn. Unter Wasser waren es 100 sm : 2 kn und 56 sm : 4 kn.
Die Tauchtiefe des Typs II A betrug 80–150 m, die der anderen 100–200 m.
Der Typ II war von der Konstruktion her ein Einhüllenboot und für den Küstenbereich konzipiert.

Typ VII: Auch dieser Typ wurde in den Variationen A, B, C und C/41 gebaut. Hinzu kamen die des Typs D für Mineneinsatz und F als Torpedotransporter.
Die unterschiedlichen Typbezeichnungen basieren ebenfalls auf o.a. Gründen.
Die Verdrängung der Variationen A bis C/41 lag über Wasser zwischen 626 und 719 t und unter Wasser zwischen 745 und 871 t. Die des Typs D um 919 t über Wasser und 1080 t unter Wasser, die des Typs F bei 1084 t über Wasser und 1181 t unter Wasser.
Die Länge in der Konstruktionswasserlinie betrug bei den Typen A bis C/41 = 45,50 bis 50,50 m, die Länge über alles 64,51 bis 67,10 m. Beim Typ D waren 59,80 m und 76,90 m, beim Typ F 60,40 m und 77,63 cm.
Die Fahrbereiche über Wasser: Typ A = 6200 sm : 10 kn, 2900 sm : 16 kn; Typ B = 8700 sm : 10 kn, 3850 sm : 17,2 kn; Typ C und C/41 = 8500 sm : 10 kn, 3250 sm : 17 kn; Typ D = 11200 sm : 10 kn, 5050 sm : 16 kn, Typ F = 14700 sm : 10 kn, 5350 sm : 16,9 kn.
Unter Wasser waren es: Typ A = 73–94 sm : 4 kn; Typ B = 90 sm : 4 kn; Typ C und C/41 = 130 sm : 2 kn, 80 sm : 4 kn; Typ D = 127 sm : 2 kn, 69 sm : 4 kn; Typ F = 130 sm : 2 kn.
Die Tauchtiefe aller Variationen dieses Typs lag bei 100 bis 200 m.
Der Typ VII war von der Konstruktion her ein Einhüllenboot mit Satteltanks.
Die Boote des Typs VII haben die Hauptlast der Atlantikschlacht getragen, waren aber schließlich der gegnerischen Abwehr nicht mehr gewachsen.

Typ IX: Gebaut in den Variationen A, B, C und C/40. Gründe für diese teils unterschiedlichen Konstruktionen siehe Typ II. Die Boote verdrängten über Wasser 939 bis 1153 t und unter Wasser 999 bis 1257 t. Ihre Länge in der Konstruktionswasserlinie waren 58,75 bis 58,75 m und die Länge über alles 76,50 bis 76,76 m.
Der Fahrbereich des Typs A = 10 500 sm : 10 kn und 3800 sm : 18,2 kn über Wasser und 65–75 sm : 4 kn unter Wasser. Typ B = 12 000 sm : 10 kn, 3800 sm : 18,2 kn über Wasser, 64 sm : 4 kn unter Wasser; Typ C = 13 450 sm : 10 kn, 5000 sm : 18,3 kn über Wasser und 128 sm : 2 kn bzw. 63 sm : 4 kn unter Wasser. Typ C/40 = 13 800 sm : 10 kn und 5100 sm : 18,3 kn über Wasser und 128 sm : 2 kn bzw. 63 sm : 4 kn unter Wasser.
Weitere Variationen des Typs IX waren die Typen D/1 und D/2 sowie D/42.
Die Verdrängung über Wasser war: Typ D/1 und D/2 = 1365 t, Typ D/42 = 1366 t. Unter Wasser waren es: Typ D/1 und D/2 = 1799 t, Typ D/42 = 1804 t.
Die Länge in der Konstruktionswasserlinie betrug beim Typ D/1 und D/2 = 68,50 m und beim Typ D/42 68,50 m. Die Länge über alles lag beim Typ D/1 und D/2 bei 87,58 m und beim Typ D/42 ebenfalls bei 87,85 m. Die Fahrbereiche waren: Typ D/1 = 9500 sm : 14 kn über Wasser und 121 sm : 2 kn unter Wasser; Typ D/2 = 31 500 sm : 10 kn, 8500 sm : 19,2 kn über Wasser und 121 sm : 2 kn bzw. 57 sm : 4 kn unter Wasser. Der Typ D/42 entsprach dem Typ D/2.
Die Boote des Typs IX waren von der Konstruktion her Zweihüllenboote, sie waren für den überseeischen Einsatz in weit entfernten Seegebieten konzipiert. Ihre Tauchtiefe lag bei 100 bis 200 m.
Der auffällige Unterschied im Fahrbereich zwischen dem Typ D/1 und D/2 liegt in der abweichenden Antriebsanlage. D/1 erhielt (es waren nur zwei Boote) versuchsweise Schnellbootmotoren, die sich jedoch nicht bewährten.

Typ X B: Als Minenunterseeboot konzipiert. Verdrängung über Wasser 1695 t, unter Wasser 2177 t. Länge in der Konstruktionswasserlinie 70,90 m, Länge über alles 89,80 m. Fahrbereich über Wasser 18 450 sm : 10 kn, 6750 sm : 16,9 kn, unter Wasser 188 sm : 2 kn bzw. 93 sm : 4 kn. Tauchtiefe 100 bis 200 m.

Typ XIV: Versorgungsunterseeboote. Verdrängung über Wasser 1688 t, unter Wasser 1932 t. Länge in der Konstruktionswasserlinie 48,51 m, Länge über alles 67,10 m. Fahrbereich über Wasser 12 350 sm : 10 kn, 5500 sm : Tauchtiefe 120 bis 140.

Und da waren die neuen Boote des Typs XXI und XXIII. Von diesen erhoffte man sich die Wende. Es ist müßig, darüber zu spekulieren, ob das tatsächlich der Fall gewesen wäre. Tatsache ist, diese Boote bedeuteten eine Art Revolution im U-Bootbau. Erstmalig handelte es sich um »echte Unterseeboote« die mehr unter Wasser als über Wasser fahren konnten. Alle bis dahin gebauten Boote waren genau genommen Überwasserboote, die auch tauchen konnten, hier war es umgekehrt, aber noch nicht vollkommen.
Sie verfügten über alle neuesten Errungenschaften im U-Bootbau, waren mit entsprechenden Waffen, modernsten Funkausrüstungen und ebensolchen Funkmeßanlagen versehen, mit den damaligen Ortungsmitteln des Gegners nicht mehr erfaßbar. Und doch wäre dieses alles wohl nur vorübergehend gewesen, bis entsprechende Gegenmittel gefunden worden wären.
Während die Boote des Typs XXIII – ein kleiner Typ für die Verwendung in küstennahen Gewässern – zum Teil noch zum Einsatz kamen und durchaus Erfolge aufweisen konnten, kamen die des Typs XXI nicht mehr zum Tragen. Zwar waren inzwischen eine ganze Reihe fertig und klar zum Einsatz, aber da war die Uhr schon abgelaufen. Nur ein Boot, U 2522, lief noch aus, wurde aber vor dem scharfen Schuß von der Kapitulation überholt und konnte nur einen simulierten Scheinangriff auf einen Flottenverband der Royal Navy fahren, der sich auf dem Wege nach Norwegen befand. Das Boot wurde nicht entdeckt, auch nicht geortet.
Daß der Zulauf dieses Typs – obwohl in großen Stückzahlen in Bau – so spät erfolgte, lag mit daran, daß der Gegner in Erkenntnis der Lage, die Werften zu dieser Zeit pausenlos bombardierte, da die deutsche Luftwaffe schon lange nicht mehr in der Lage war, den Himmel über dem Reich sauber zu halten.
Auch andere – ganz neue – Typen waren im Werden, die sogenannten »Walter«-Boote des Typs XVIII und XXVI, aber auch dies kamen zu spät. Diese Boote sollten noch schlagkräftiger sein als der Typ XXI (der nur als Zwischenlösung angesehen wurde). Prototypen der neuen Muster, die über ein komplett neues Antriebssystem verfügten, liefen bei Vorführungen in der Ostsee mehr als 25 Knoten unter Wasser. Aber wie gesagt, alles zu spät.

Typ XXI: Verdrängung über Wasser 1621 t, unter Wasser 1819 bis 2100 t, Länge 60,50/76,70 m
Geschwindigkeit über Wasser 15,6 kn, unter Wasser 17,2 kn
Fahrbereich über Wasser 15 500 sm : 10 kn, 5100 sm : 15,6 kn
Fahrbereich unter Wasser 340 sm : 5 kn (Schleichfahrt), 110 sm : 10 kn, 30 sm : 15 kn
Tauchtiefe 120–240 m

Typ XXIII: Verdrängung über Wasser 234 t, unter Wasser 258 bis 175 t, Länge 34,68 m
Geschwindigkeit über Wasser 9,7 kn, unter Wasser 12,5 kn
Fahrbereich über Wasser 4450 sm : 6 kn, 2600 sm : 8 kn
Fahrbereich unter Wasser 35 sm : 10 kn, 194 sm : 4 kn Tauchtiefe 80-160 m

Suche, Jagd und Kampf gegen die Unterseeboote

Am 11. März 1940 wurde U 31 während einer Werfterprobung in der Jademündung in Höhe von Schillig-Reede von einer anfliegenden »Bristol-Blenheim« des Bomber Command überrascht und versenkt. Die Besatzung und das zusätzlich eingeschiffte Werftpersonal (58 Mann) fanden den Tod. U 31 war ein Boot des Typs VII und hatte am 28. Dezember 1936 für die U-Flottille Saltzwedel, in Dienst gestellt. Ab Dezember 1939 erfolgte die Umbenennung in 2. U-Flottille. Kommandant war Kptlt Haberkost. Stützpunkt der 2. U-Flottille war zu dieser Zeit noch Wilhelmshaven, später verlegte sie nach Lorient.
Die Aufnahme zeigt das gesunkene Boot auf ebenem Kiel, gut sichtbar durch die relativ geringe Wassertiefe.

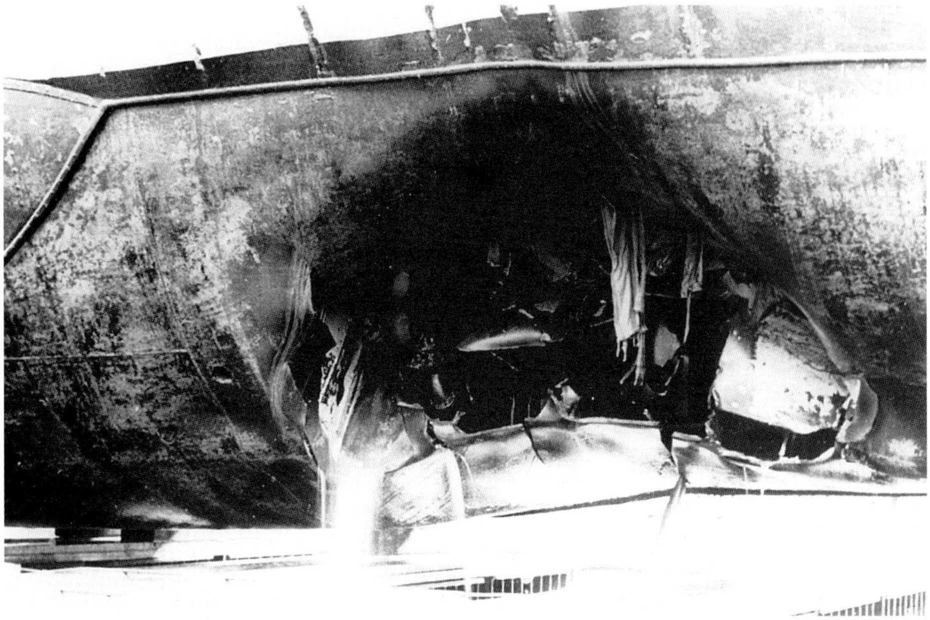

Kurz nach dem Untergang erfolgte die Bergung des Bootes. Die eine Aufnahme (S. 29 unten) zeigt das gehobene Boot auf Stb-Seite liegend im Schwimmdock der Westwerft in Wilhelmshaven, die andere die Auswirkungen des Bombentreffers.

Bis auf wenige Ausnahmen (Überführung in die Heimatorte) wurden alle Toten auf dem Ehrenfriedhof in Wilhelmshaven beigesetzt. Die Gräber werden heute von der U-Bootkameradschaft Wilhelmshaven mit betreut. U 31 wurde bereits im Juni 1940 erneut in Dienst gestellt, Kommandant war Kptlt Prellberg. Auch jetzt war dem Boot keine lange Lebensdauer beschieden: Am 2. November 1940 fiel es nordwestlich Irland den Wasserbomben des Zerstörers HMS ANTELOPE und Flugzeugbomben zum Opfer. Vier Mann der Besatzung fielen, alle anderen wurden gerettet. U 31 war nicht der erste Verlust. Bis März 1940 gingen bereits folgende Boote verloren: U 12 im Oktober 1939 durch Mine (Totalverlust, 27 Tote), U 15 im Januar 1940 (irrtümlich durch das T-Boot ILTIS gerammt, 25 Tote), U 16 im Oktober 1939 (durch Wasserbomben, Totalverlust, 28 Tote), U 22 im März 1940 (durch Mine, Totalverlust, 27 Tote), U 63 im Februar 1940 nach Torpedierung durch U-Boot und Wasserbomben, 1 Toter), U 27 im September 1939 (nach Wasserbomben), U 33 im Februar 1940 (nach Wasserbomben, 25 Tote), U 35 im September 1939 (nach Wasserbomben), U 36 im Dezember 1939 (durch U-Boottorpedo, 40 Tote), U 45 im Oktober 1939 (Totalverlust, 38 Tote), U 53 im Februar 1940 (nach Wasserbomben, Totalverlust, 42 Tote), U 54 im Februar 1940 (nach Wasserbomben, Totalverlust), U 55 im Januar 1940 (nach Wasserbomben, 1 Toter), U 39 im September 1939 (nach Wasserbomben, 2 Tote), U 40 im Oktober 1939 (durch Mine, 45 Tote), U 41 im Februar 1940 (nach Wasserbomben, Totalverlust, 49 Tote), U 42 im Oktober 1939 (nach Wasserbomben, 26 Tote), U 44 im März 1940 (nach Wasserbomben, Totalverlust, 47 Tote).

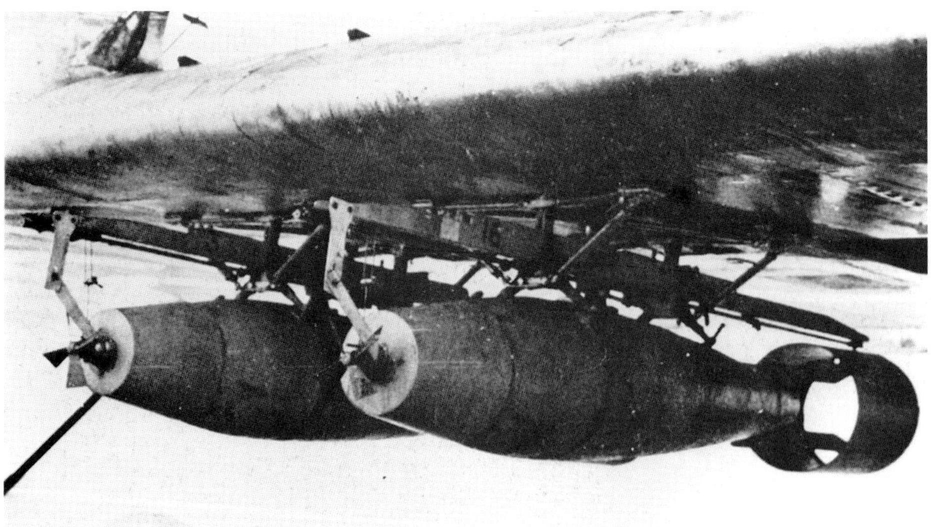

Am 25. Oktober 1940 wurde das unter dem Kommando des Kptlt Endraß stehende Boot U 46 durch drei Bomber des Typs »Hudson« der 233. Sqdr. angegriffen. Diese befanden sich auf einem Patrouillenflug entlang der norwegischen Küste und trafen etwa zehn Meilen querab Stavanger auf U 46. Eines der Flugzeuge löst zehn 115-kg-Bomben. U 46 erwiderte den Angriff mit seiner Flak. Dadurch traf nur eine Bombe, die übrigen gingen daneben.

Die eine Aufnahme zeigt zwei 115-kg-Bomben unter dem Flügel eines Bombers, die weiteren die Auswirkungen des nur einen Treffers auf das Boot, das teilweise geschleppt wurde, um den sicheren Stützpunkt zu erreichen. U 46 gehörte zum Typ VII B und hatte am 2. November 1938 für die U-Flottille Wegener in Dienst gestellt. Ab Dezember 1939 gehörte es zur 7. U-Flottille, Standort Kiel, später St. Nazaire. Ab 1942 fungierte U 46 als Schulboot und wurde Anfang 1945 in der Kupfermühlenbucht/Flensburg selbst versenkt.

Zwei Aufnahmen eines Angriffs auf U 71 am 5. Juni 1942. Bei der angreifenden Maschine handelte es sich um eine »Sunderland« der 10. RAAF-Sqdr. Deutlich sichtbar die Fontänen durch den Bordwaffenbeschuß des Angreifers. U 71 stand unter dem Kommando von KKpt Flachsenberg und befand sich auf dem Ausmarsch zur 7. Feindfahrt, hatte La Pallice am 4. Juni verlassen, kehrte nun aufgrund der Schäden aber am 6. Juni zurück nach dort. Das Boot hatte am 14. Dezember 1940 für die 7. U-Flottille in Dienst gestellt und wurde ab 1943 Schulboot. Anfang Mai 1945 erfolgte in Wilhelmshaven die Selbstversenkung. Es gehörte zum Typ VII B.

Am 4. März 1943 erwischte es U 83, ein Typ VII B-Boot, Indienststellung am 8. Februar 1941 für die 1. U-Flottille, mit Verlegung ins Mittelmeer zunächst der 23., später der 29. U-Flottille unterstellt; Stützpunkte waren Salamis, La Spezia, Toulon, Pola und Marseille. Das Boot stand unter dem Kommando von OltzS Wörishoffer und wurde ca. 80 Meilen westlich Oran durch eine »Lockheed Hudwon« der 500. Sqdr. angegriffen. Zunächst fielen drei 100-kg-Bomben, geworfen aus einer Höhe von etwa 500 Metern. Sie gingen daneben, das Boot schoß mit seiner Flak aus allen Rohren. Der folgende Angriff erfolgte aus einer Höhe von etwa 10 Metern; es wurden drei Wasserbomben geworfen, die rings um das Boot detonierten. Das Boot sank. Anfangs wurden etwa 15 Mann im Wasser gesehen, später rund 25 in einer Öllache. Das Flugzeug warf zwei Flöße ab, die jedoch sanken. Es gab keine Überlebenden, Totalverlust, 50 Tote.
Die Aufnahmen zeigen das hohe Fahrt laufende Boot aus der Sicht des ersten Angriffs und die Wirkung der daraufhin abgeworfenen und detonierenden Wasserbomben.

Diese Aufnahme zeigt das am 19. November 1941 für die 8. U-Flottille in Dienst gestellte U 89 vom Typ VII C. Am 5. November 1942 wurde das Boot durch eine »Liberator« der 120. Sqdr. angegriffen und so schwer beschädigt, daß es heimkehren mußte und auch Brest wieder erreichte. Inzwischen gehörte U 89 zur dort liegenden 9. U-Flottille. Ein knappes halbes Jahr später wurde das unter dem Kommando von KKpt Dietrich Lohmann stehende Boot Opfer von Wasserbomben des zur »Hunter-Killer-Group« des Geleitträgers HMS BITER gehörenden Zerstörers BROADWAY und der Fregatte HMS LAGAN, Totalverlust, 48 Tote.
Die Aufnahme zeigt das hohe Fahrt laufende Boot während des Angriffs der »Liberator«.

U 97 vom Typ VII C wurde am 28. September 1940 in Dienst gestellt und gehörte zur 7. U-Flottille. Nach Verlegung ins Mittelmeer unterstand es zunächst der 23. dann der 29. U-Flottille. Kommandant war Kptlt Trox. Am 16. Juni 1943 fiel es westlich Haifa Fliegerbomben zum Opfer, wurde auf Strand gesetzt und kenterte. 30 Tote, 21 gingen in Gefangenschaft. Das Bild zeigt das gekenterte Boot während einer Inspektion durch die Royal Navy.

Im März 1941 verlor die deutsche U-Bootwaffe gleich drei ihrer bekanntesten und erfolgreichsten Kommandanten. Den Anfang machte U 47 (Typ VII B), Indienststellung am 17. Dezember 1938, Kommandant KKpt Prien. Das Boot gehörte anfangs zur U-Flottille Wegener, ab Dezember 1939 zur 7. U-Flottille. Am 20. Februar 1941 verließ das Boot Lorient zur 10. Unternehmung und versenkte am 26. und 28. Februar aus dem Geleitzug 08 290 vier Schiffe mit 16 310 BRT, erfaßte am Abend des 6. März südlich Islands das Geleit 08 293 und führte zwei weitere Boote heran. Dann wurde U 47 abgedrängt. Nach erneutem Heranschließen meldete es sich nochmals am 8. März – dann nicht mehr. Der Zerstörer HMS WOLVERINE entdeckte es in einer Regenbö und vernichtete das Boot mit Wasserbomben. Totalverlust, 45 Tote.

Der Gesamterfolg des KKpt Prien mit U 47 umfaßte das Schlachtschiff HMS ROYAL OAK (in Scapa Flow) und insgesamt 164 953 BRT Handelsschifftonnage.
Die Aufnahme zeigt KKpt Prien am 20. Februar 1941 beim Betreten seines Bootes vor dem Ablegen zur letzten Fahrt.

Am 17. März 1941 – nur wenige Tage nach U 47 – fand auch U 99 (Typ VII B) seinen Bezwinger. Das Boot hatte am 18. April 1940 für die 7. U-Flottille in Dienst gestellt, Kommandant KKpt Kretschmer. Die vom britischen Zerstörer HMS WALKER geworfenen Wasserbomben galten eigentlich einem anderen Boot. Es war ein unglücklicher Zufall, daß U 99 durch diese Bomben ebenfalls und überraschend zum Auftauchen gezwungen wurde. Nachdem die Besatzung ausgestiegen war, wurde sie vom Gegner aus dem Wasser gefischt und ging in Gefangenschaft. Nur drei Mann, darunter der Leitende Ingenieur, fanden den Tod. Bis dahin hatte U 99 unter seinem Kommandanten insgesamt 266 629 BRT Handelsschiffsraum vernichtet.
Die Aufnahme zeigt den Zerstörer HMS WALKER.

KKpt Kretschmer beim Verlassen des britischen Zerstörers HMS WALKER.

Ein Teil der Besatzung von U 99 an Oberdeck von HMS WALKER.

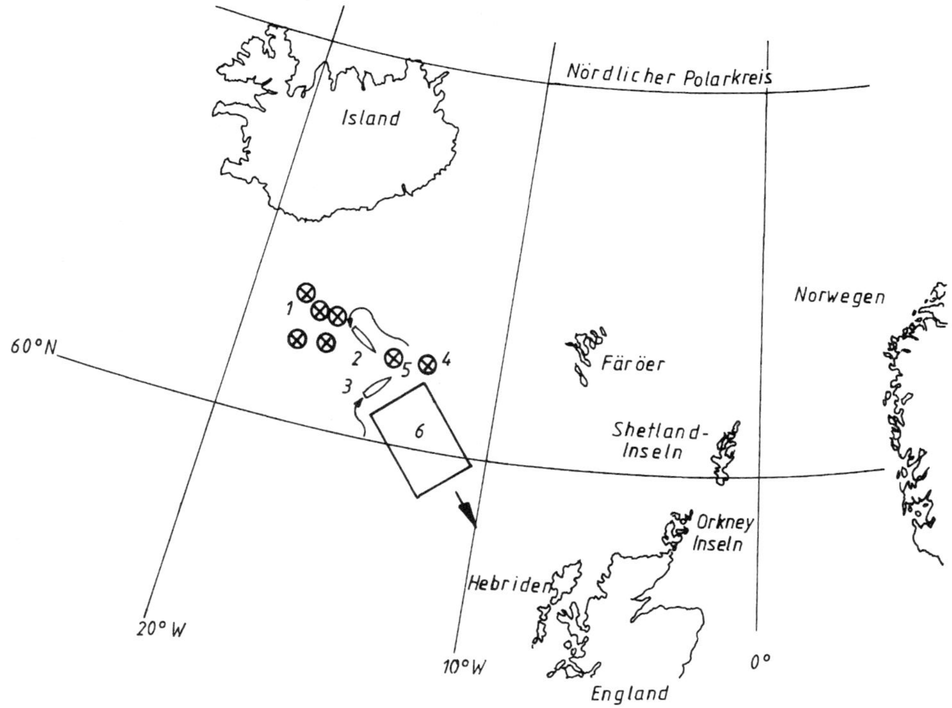

1 = Torpedierte / versenkte Schiffe
2 = Kurs HMS „Walker"
3 = Kurs HMS „Vanoe"
4 = Vernichtung U 100 am 17. März
5 = Versenkung U 99 am 17. März
6 = Geleitzug HX 112: Generalkurs. Nur wenige Tage zuvor am 8. März wurde das auf den Geleitzug OB 293 operierende U 47 in diesem Seegebiet versenkt.

Kampf gegen den Geleitzug HX 112 (41 Schiffe, Sicherung 5 Zerstörer, 2 Korvetten) im März 1941

Als Dritten traf es – ebenfalls am 17. März 1941 – U 100 (Typ VII B), Indienststellung am 30. Mai 1940 für die 7. U-Flottille. Wie U 99 operierte das unter dem Kommando von Kptlt Schepke stehende Boot gegen das Geleit HX 112. Dabei wird U 100 von dem weit schnelleren Zerstörer HMS VANOC überrascht und mitschiffs gerammt. Nur sechs Mann überleben, 38 fallen, darunter der Kommandant, der durch den Rammstoß zwischen Brückenkleid und Sehrohrbock eingeklemmt mit dem Boot versinkt. Die Erfolge des Kommandanten mit seinem Boot beliefen sich bis dahin auf 159 130 BRT.

U 134 (Typ VII C), Indienststellung am 26. Juli 1941 für die 5. U-Flottille, dann 3. U-Flottille, Stützpunkt La Rochelle, aber auch La Pallice. Am 24. August 1943 wurde das unter Kptlt Brosin fahrende Boot in der Biskaya (es war im Begriff, seine 5. Feindfahrt anzutreten) von einer auf dem Heimflug von der Patrouille befindlichen »Wellington« der 179. Sqdr. um Mitternacht geortet, mit Scheinwerfern angeflogen und aus rund 100 Metern mit sechs Wasserbomben belegt. Volltreffer, Totalverlust, 48 Tote.
Die Aufnahme zeigt das Boot während des Angriffs. Der Bordwaffenbeschuß sollte verhindern, daß von seiten des Angegriffenen die Flak besetzt wurde. Hinter dem Boot erkennbar Detonationsgischt einer der Wasserbomben.

U 205 (Typ VII C), Indienststellung am 3. Mai 1941 für die 3. U-Flottille, nach Verlegung ins Mittelmeer 29. U-Flottille, Kommandant OltzS Bürgel. Am 17. Februar 1943 wurde das vor der Nordküste Afrikas operierende Boot überrascht, mit Bomben durch Flugzeuge und Wasserbomben des Zerstörers HMS PALADIN zum Auftauchen gebracht und dann vom Zerstörer durch Rammstoß versenkt. Neun Mann verloren ihr Leben.
Die Aufnahmen zeigen den zum Rammstoß anlaufenden Zerstörer, sein Bug befindet sich kurz vor dem Turm des Bootes und die Situation danach.

U 243 (Typ VII C), Indienststellung am 2. Oktober 1943 für die 5. U-Flottille, endgültig 1. U-Flottille, Stützpunkt Brest. Kommandant Kptlt Hans Märtens. Das Boot befand sich auf seiner 1. Feindfahrt und wurde am 8. Juli 1944 in der Biskaya durch eine Patrouille fliegende »Sunderland« der 10. RAAF-Sqdr in einer Entfernung von sechs Meilen gesichtet. Der Angriff erfolgte unmittelbar, aber auch die Flak des weiter über Wasser laufenden Bootes schoß sofort. Das angreifende Flugzeug warf aus etwa 30 Metern Höhe sechs Wasserbomben, deren Detonationswucht Heck und Turm beschädigten. Die Besatzung begann auszusteigen. Eine zweite »Sunderland« kam hinzu, desgleichen eine amerikanische »Liberator«. Letztere setzte den Bordwaffenbeschuß auf das Boot fort, obwohl klar erkennbar war, daß es sank. 11 Mann verloren ihr Leben, 39 wurden vom Zerstörer HMCS RESTIGOUCHE aus dem Wasser gezogen.
Die beiden ersten Aufnahmen zeigen U 243 während des Angriffs. Deutlich sichtbar die Einschläge durch den Bordwaffenbeschuß und die Wirkung der Wasserbombendetonationen mittschiffs. Die dritte Aufnahme dokumentiert den Untergang des Bootes, einzelne Männer steigen aus, dazu weiter Bordwaffenbeschuß durch die »Liberator«.

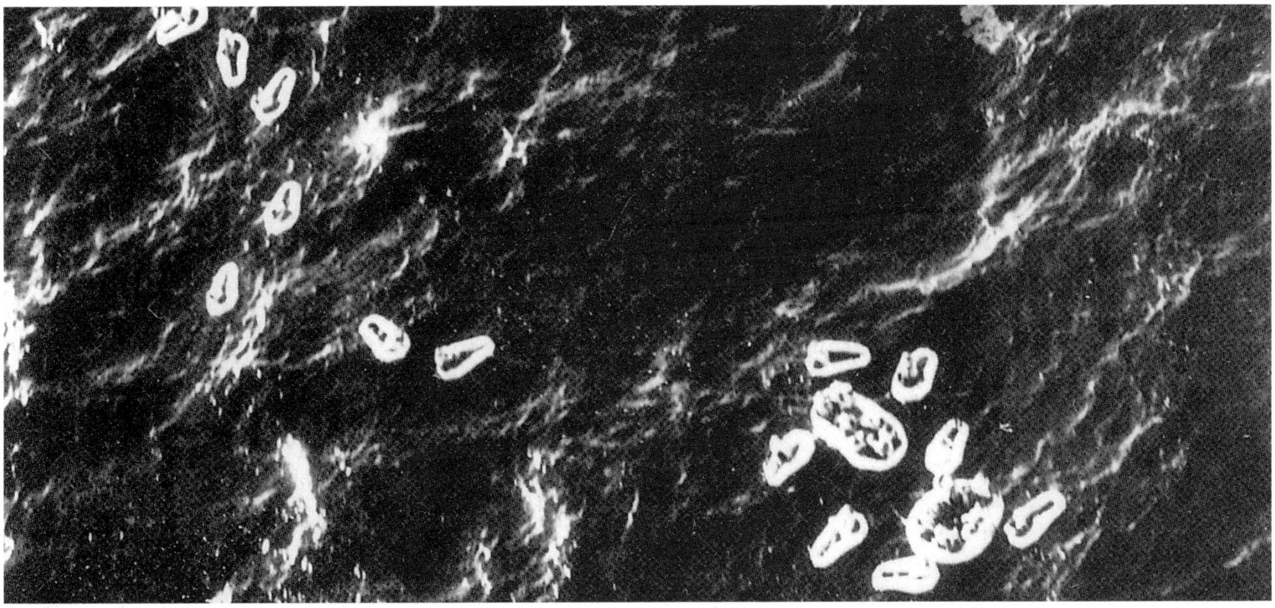

Die überlebenden Besatzungsmitglieder treiben in Schlauchbooten im Wasser und versuchen, beieinander zu bleiben. Schließlich erscheint HMCS RESTIGOUCHE und rettet sie.

U 264 (Typ VII C), Indienststellung am 22. Mai 1942 für die 5. U-Flottille, ab November 1942 6. U-Flottille, Stützpunkt St. Nazaire. Das Boot unter Führung des Kptlt Looks wurde am 19. Februar 1944 im Nordatlantik durch die 2. Escort Group des Captain RN Walker gestellt und durch Wasserbomben der Sloops HMS STARLING und HMS WOODPECKER hochgebombt, anschließend durch Artillerie versenkt. Die Aufnahme zeigt das aufgetauchte Boot und die Granateinschläge dicht am Turm. Wenig später wird es sinken. Alle 52 Mann der Besatzung gingen in Gefangenschaft.
Das Boot war schon einmal nahe an der Vernichtung gewesen. Am 4. Oktober 1943 versorgte es im Gebiet der Azoren aus dem U-Versorger U 460. Mit ihm die Boote U 422 und U 455. Der Vorgang wurde durch eine Avenger des Geleitträgers USS CARD gesichtet, worauf ein massierter Angriff von 12 Avengers und Wildcats der 9. VC-Sqdr. erfolgte. U 264 wurde am Heck schwer beschädigt, U 422 ging mit 47 Mann und U 460 mit 62 Mann verloren.

Die von der Sloop STARLING aufgefischten Männer des U 264 werden in Liverpool ausgeschifft. Beachte die Ehrenbezeigung durch den Posten Fallreep.

Captain RN Frederich John Walker war eines der Asse der britischen U-Bootabwehr, und wohl auch der erfolgreichste. Erste Erfolge erzielte er mit der ihm eigenen Taktik als Chef einer U-Jagdgruppe, der 36. Escort-Group. Dann kam er nach Liverpool zum Stab der »Western Approaches«, der die Geleite von den USA nach Großbritannien (hin und zurück) steuerte. Schließlich – da es ihn an die Front drängte – wurde er wieder Chef einer U-Jagdgruppe, der 2. Escort- bzw. Support Group. Er erlebte das Kriegsende nicht. Am 9. Juli 1944 starb er an einer Gehirnthrombose.
Die Erfolge seiner U-Jagdgruppen waren beachtlich, so fielen ihnen im Jahre 1941 die Boote U 131, U 434, U 574, U 567; im Jahre 1942 die Boote U 252 plus zwei wahrscheinliche; im Jahre 1943 die Boote U 202, U 119, U 449, U 462, U 504, U 226, U 842 und im Jahre 1944 die Boote U 592, U 762, U 734, U 238, U 424, U 264, U 653, U 961 und U 473 zum Opfer.
Zur 36. Escort Group gehörten 1 Sloop und 3 Korvetten, zur 2. Escort Group mit den Gruppen B 2, B 5 und B 6 zählten 10 Fregatten/Sloops und 16 Korvetten.
Die Aufnahme zeigt Capt Walker auf der Brücke seines Führerbootes während einer U-Bootbekämpfung.

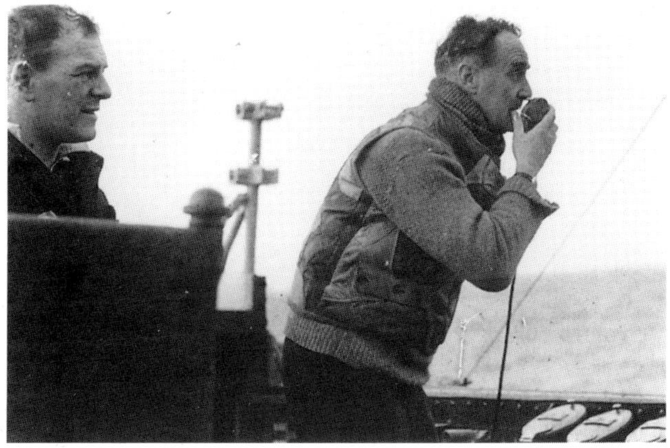

U 271 (Typ VII C), Indienststellung am 23. September 1942 für die 8. U-Flottille, endgültig 1. U-Flottille, Stützpunkt Brest. Vorübergehend als Flakfalle eingesetzt, lief es unter seinem Kommandanten Kptlt Barben aus zur 3. Feindfahrt und wurde am 28. Januar 1944 westlich von Limerick von einer »Liberator» der 103. Sqdr der U.S. Navy gestellt. Der Angriff kam aus der Sonne, es fielen sechs Mk IX-Wasserbomben, Abwurfhöhe etwa 30 Meter. Das Boot versank, Totalverlust, 51 Tote.
Die Aufnahme zeigt das getroffenen Boot in der Gischt der Detonation, das Achterschiff hängt bereits tief im Wasser.

U 288 (Typ VII C), Indienststellung am 26. Juni 1943 für die 8. U-Flottille, endgültig 13. U-Flottille, Stützpunkt Drontheim. Das unter OltzS Willy Meyer fahrende Boot wurde bereits knapp ein Jahr nach seiner Indienststellung Opfer gegnerischer Angriffe. Am 3. April 1944 wurde es südöstlich der Bäreninsel im Nordmeer von Flugzeugen des Typs »Avenger« der beiden Geleitträger HMS ACTIVITY und HMS TRACKER erkannt und mit Bomben und Raketen angegriffen und versenkt. Totalverlust, 49 Tote.

Die ersten drei Aufnahmen zeigen einzelne Phasen der Angriffe mit Bordwaffen und Bomben, die letzte ist eine Nahaufnahme des schwer getroffenen Bootes vor dem Untergang. Auf der oberen Plattform des Turms kauern zwei mit Schwimmwesten bzw. Tauchrettern ausgerüstete Besatzungsmitglieder – vergebens.

Am 24. April 1944 ging U 311 südwestlich Irlands verloren. Das unter Kptlt Joachim Zander fahrende Boot hatte am 23. März 1943 für die 8. U-Flottille in Dienst gestellt und gehörte dann zur 1. U-Flottille. Es war vom Typ VII C. Es wurde, wie viele andere auch, durch Bomben angreifender Flugzeuge versenkt, die dem Boot keine Chance ließen, zu entkommen. Totalverlust, 51 Tote. Die Aufnahme zeigt die zerstörende Wirkung einer direkt neben dem Boot mittschiffs detonierenden Bombe.

Auch U 317 (Typ VII C), Indienststellung am 23. Oktober 1943 für die 4. U-Flottille, endgültig 9. U-Flottille, Stützpunkt Brest und unter dem Kommando von OltzS Rahlf wurde Opfer von Flugzeugbomben. Es befand sich auf der 1. Feindfahrt und wurde am 26. Juni 1944 nordöstlich der Shetland-Inseln von einer Patrouille fliegenden »Liberator« der 86. Sqdr. gesichtet und angegriffen. Während der erste Anflug keinen Erfolg brachte, waren die drei Wasserbomben beim zweiten Anflug wirkungsvoller. Sie detonierten auf der Stb-Seite des Bootes, das so schwer beschädigt wurde, daß es nach Backbord kenterte. Rund 15 Mann wurden im Wasser treibend gesichtet, dennoch überlebte keiner. Totalverlust, 50 Tote.
Die Aufnahmen zeigen das Boot bei dem vergeblichen Versuch, den Angriffen mit hoher Fahrt zu entkommen, die ziemlich genau und dicht am Boot erkennbaren Detonationswolken der Wasserbomben unterstreichen dieses. Auch Hartruderlagen nützten nichts.

Bereits am 21. März 1943 wurde U 332 durch den Angriff einer »Wellington« der 172. Sqdr. so schwer beschädigt, daß der Kommandant, OltzS Hüttemann, zur Rückkehr in den Stützpunkt La Rochelle gezwungen war. Das zum Typ VII C gehörende Boot hatte am 7. Juni 1941 in Dienst gestellt und gehörte zur 3. U-Flottille. Es erreichte seinen Stützpunkt nicht, sondern wurde am 2. Mai nördlich Kap Finisterre erneut gestellt. Diesmal von einer »Sunderland« der 4612. RAAF-Sqdr. Vier Wasserbomben sorgten für die Vernichtung des Bootes. Totalverlust, 45 Tote.
Die Aufnahmen zeigen das hochgebombte Boot hilflos dem Gegner ausgesetzt und in der Gischt detonierender weiterer Bomben sinkend.

U 333 – das Boot der »kleinen Fische«, so genannt nach dem Emblem an beiden Seiten des Turms: drei kleine Fische. Das Boot gehörte zum Typ VII C und hatte am 25. August 1941 unter Kptlt Cremer (Ali genannt) für die 5. U-Flottille, endgültig 3. U-Flottille, in Dienst gestellt. Das Boot hatte im Verlauf seiner Einsätze zahlreiche kritische und gefährliche Situationen zu meistern –, aber es kam immer wieder zurück. Kommandant und Besatzung waren überdurchschnittlich aufeinander eingespielt und meisterten so alle gefährlichen Klippen. In Marinekreisen wurde der Kommandant auch »Ali-Wrack« genannt, denn das Boot kam von keiner Feindfahrt ungeschoren zurück. So gehörte U 333 zu den Booten, die an die ostamerikanische Küste entsandt wurden, um dort im rahmen der »Operation Paukenschlag« den U.S.-amerikanischen Schiffsverkehr zu bekämpfen. U 333 war recht erfolgreich, hatte aber das Pech, bei einem beabsichtigten Torpedoangriff auf einen britischen 11 000-BRT-Tanker beim Untertauchen dieses Ziel von diesem gerammt zu werden. Trotz umfangreicher Schäden, die die volle Einsatzbereitschaft des Bootes erheblich einschränkten, setzte der Kommandant die Unternehmung fort und überstand dabei Anfang Mai eine 15-ündige Verfolgung durch den amerikanischen U-Jäger USS PC 451 und den U.S. Coast Guard-Kutter USCG VIGILANT. Hinzu kam später USS DALLAS/DD 119. Dieser warf im Verlauf der Jagd allein 250 Wasserbomben. Dann war die Jagd beendet, die Amerikaner wähnten das Boot versenkt. Welch ein Irrtum. U 333 machte sich erst auf den Heimweg, nachdem alle Torpedos verschossen waren. Die Heimfahrt war ein einmaliges Unterfangen – im Nachhinein betrachtet höchst risikoreich, denn vieles Wichtige an Bord war ausgefallen – aber die Besatzung war eingefahren und vertraute dem Kommandanten, von dem sie stets felsenfest überzeugt war, daß er das Boot stets nach Hause brächte.
Die Aufnahme zeigt das Boot am 26. Mai 1942 beim Einlaufen in St. Nazaire. Die Beschädigungen durch das Rammen des Tankers BRITISH PRESTIGE sind nicht zu übersehen.

Die Story um U 333 ging noch weiter. Im September/Oktober 1942 gehörte das Boot zur vor der westafrikanischen Küste im Seegebiet von Freetown operierenden Gruppe ILTIS. Und wieder kam es zu einer Begegnung der »unheimlichen Art«. U 333 wurde von der dort ebenfalls patrouillierden Korvette HMS CROCUS gesichtet und sofort mit allen zur Verfügung stehenden Waffen angegriffen. Tauchen war nicht mehr möglich und so entwickelte sich ein regelrechter Nahkampf mit Rammversuchen. Die beiden Kontrahenten verkeilten sich zeitweise ineinander, so daß nur Maschinengewehre und Handwaffen einsetzbar waren. Beide Fahrzeuge fuhren engste Drehkreise, der Beschuß verwundete zahlreiche Männer des U-Bootes, den Kommandanten schwer. Schließlich ergab sich eine letzte Gelegenheit. U 333 spielte »toter Mann« und konnte dann durch Schnelltauchen verschwinden. Es folgten Wasserbomben; schließlich war der Gegner überzeugt, das Boot vernichtet zu haben, U 333 entkam nach Stunden auf »leisen Sohlen«. Die Heimfahrt begann. Das Gefecht hatte drei Mann der Besatzung das Leben gekostet, einer wurde vermißt. Auf der Heimfahrt wurde U 333 durch den Versorger U 459 versorgt, erste ärztliche Hilfe wurde dem Kommandanten zuteil, zusätzlich stieg ein navigationserfahrener Offizier über, U 333 machte sich auf den mühsamen und zugleich gefahrvollen Heimweg. Dabei konnte das Boot auf seiner Fahrt durch die Biskaya und entlang der spanischen Hoheitsgewässer in letzter Minute einem Torpedofächer entkommen. Das war am 21. Oktober 1942. Die Torpedos kamen vom – wie man heute weiß – ehemaligen deutschen U-

Boot U 570, das von den Briten erbeutet worden war und unter dem Namen HMS GRAPH Jagd auf deutsche U-Boote machte.
Die Aufnahmen zeigen das Boot beim Einlaufen in La Pallice am 23. Oktober 1942. Sie verdeutlichen die Härte des Kampfes mit der Korvette: Verbeulter Bug, nicht sichtbar das Heck, von dem ein Teil fehlte, Schlagseite, durchlöcherter Turm. Später, nach Verholen in den Bunker, begannen erste Instandsetzungen durch die Besatzung.
Im Frühjahr 1943 befand sich U 333 wieder im Einsatz, jetzt unter dem OltzS Schwaff als Kommandant in Vertretung. Ansatz gegen Gibraltar-Geleite. Dabei wird das Boot am 3. März im Dunkeln überraschend mittels Scheinwerferbestrahlung von einer »Wellington« der 172. Sqdr. angegriffen und aufgrund der Schäden zur Rückkehr gezwungen. Dann stieg der alte Kommandant, Kptlt Cremer, wieder ein. Erneut ging es gegen Gibraltar-Geleite und wieder wurden sie zum Fehlschlag. Am 13. Juli griffen Flugzeuge des Geleitträgers USS CORE an. Hinzu kam der Geleitzerstörer USS BAKER/der 190 mit Wasserbomben. Wieder vorzeitige Heimkehr mit Schäden und schließlich im November 1943 ein weiterer verhängnisvoller Einsatz gegen Gibraltar-Geleite. Dabei stundenlange Verfolgung mit Wasserbomben durch die Fregatte HMS EXE. Schwere Schäden am ganzen Boot, nur mit Notanblasen konnte es auftauchen und war dann eingeschränkt schwimmfähig. Der Turm war völlig demoliert, die Flak von Bord gerissen. Das Boot kam mit vielen Tricks der schiffstechnischen Mannschaft nach Hause und lief am 1. Dezember in La Pallice ein.
Unter einem neuen Kommandanten (Kptlt Fiedler) wurde U 333 am 31. Juli 1944 das Opfer von Wasserbomben der Sloop HMS STARLING und der Fregatte HMS LOCH KILLIN. Totalverlust, 46 Tote, Untergang im Nordatlantik.

Vernichtung von U 341 (Typ VII C) am 19. September 1943 südwestlich Islands durch sechs Wasserbomben Mk XI, geworfen durch eine »Liberator« der 10. RCAF-Sqdr. Die Bomben fielen aus einer Höhe von etwa 100 Metern. Trotz heftiger Flakabwehr des Bootes gab es kein Entrinnen. Das am 28. November 1942 für die 8. U-Flottille, später 3. U-Flottille in Dienst gestellte Boot unter OltzS Epp wurde zum Totalverlust, 50 Tote.
Die Aufnahme zeigt die tödliche Wirkung der Bomben am Boot.

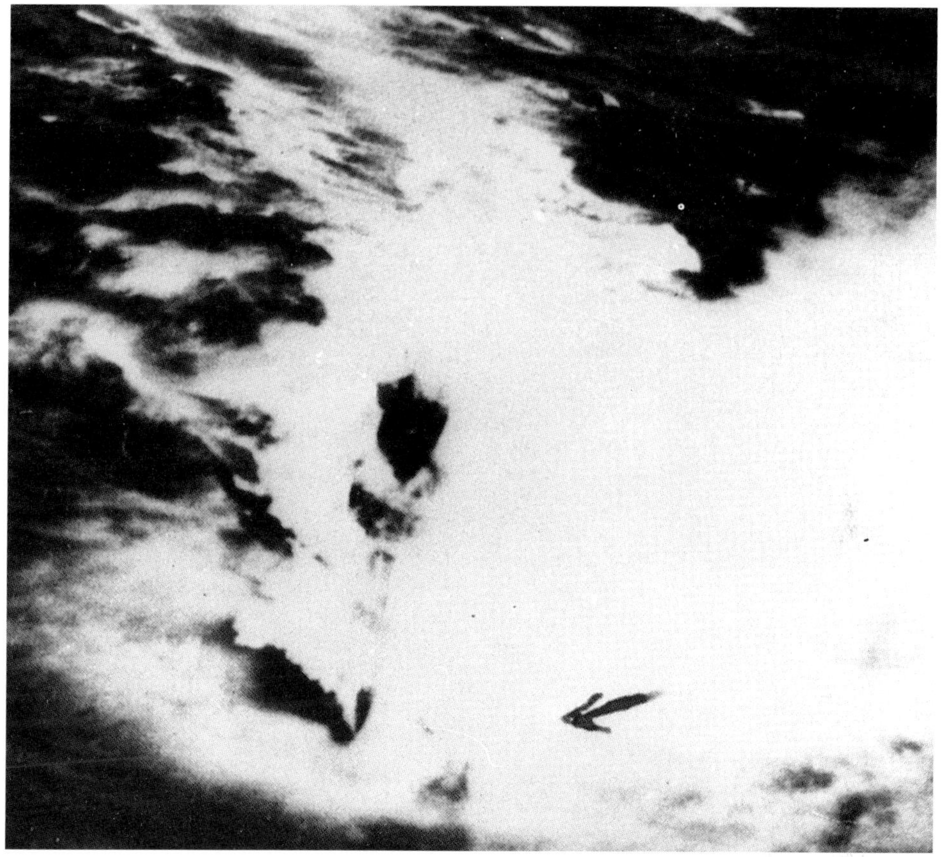

U 347 (Typ VII C), Indienststellung am 7. Juli 1943, Kommandant OltzS der Buhr wurde am 17. Juli 1944 westlich von Narvik von einer Patrouille fliegenden »Catalina« der 210. Sqdr. angegriffen. Die ersten geworfenen Wasserbomben hatten keine Wirkung, das sich mit konzentriertem Flak-Feuer wehrende Boot schoß gefährlich gut und genau. Erst weitere Wasserbomben zeigten Wirkung. Das Boot sank, Totalverlust, 49 Tote. U 347 gehörte anfangs zur 8., später zur 9. U-Flottille. Die Aufnahme zeigt das hohe Fahrt laufende Boot mit den Flak bestückten beiden Plattformen (die sogenannten »Wintergärten«). Hinter dem Boot Einschläge vom Bordwaffenbeschuß des Angreifers.

Das Ende von U 355 (Typ VII C) am 1. April 1944. Das anfangs zur 5., endgültig zur 11. U-Flottille, Stützpunkt Bergen, gehörende Boot hatte am 29. Oktober 1941 in Dienst gestellt, Kommandant Kptlt La Baume. Das Boot wurde südwestlich der Bäreninsel durch Flugzeuge des Typs »Avenger« der 846. NAA-Sqdr. gestellt, die vom Geleitträger HMS TRACKER kamen. Das Werk der Vernichtung vollendete der zum Träger gehörige Zerstörer HMS BEAGLE mit seinen Wasserbomben. Das Boot wurde ebenfalls ein Totalverlust, 52 Tote.
Die Aufnahme zeigt die letzten Minuten vor dem Untergang. Beachte den einsamen Mann an der 2-cm-Flak.

U 378 (Typ VII C), Indienststellung am 30. Oktober 1941 für die 8., später 3. U-Flottille mit zeitweiliger Abstellung zur 11. U-Flottille, Stützpunkt Bergen. Unter seinem Kommandanten Kptlt Erich Mäder wurde es am 20. Oktober 1943 im Nordatlantik von Flugzeugen des Geleitträgers USS CORE angegriffen und mit Bomben versenkt. Totalverlust, 48 Tote. Die Aufnahme zeigt das tauchunfähige Boot kurz vor dem Untergang, es ist noch von der Gischt der detonierenden Bomben umgeben. Die Flak ist nicht besetzt.

Auch U 402 (Typ VII C), Indienststellung am 21. Mai 1941 für die 3. U-Flottille und unter dem Kommando von KKpt Frhr. Siegfried von Fostner, wurde mit 50 Toten zum Totalverlust. Das Boot wurde am 20. Oktober 1943 im Atlantik, nordwestlich der Azoren, von Flugzeugen der 9. VC-Sqdr. des Geleitträgers USS CARD vernichtet.
Die Aufnahme zeigt das über den Achtersteven sinkende Boot.

Ein außergewöhnliches Ende war U 405 beschieden. Das zum Typ VII C gehörende Boot hatte am 17. September 1941 in Dienst gestellt und war nacheinander der 8., 1., 11. und 6. U-Flottille unterstellt. Es stand unter dem Kommando von KKpt Rolf-Heinrich Hopmann. Am 1. November 1943 wurde das Boot im mittleren Nordatlantik in Höhe der Azoren von patrouillierenden Flugzeugen des Geleitträgers USS CARD gesichtet, der zur »Hunter-Killer-Group« gehörende Zerstörer USS BORIE/DD 215 zur Bekämpfung angesetzt. Es entspann sich ein mehr als einstündiger verbissener Kampf: Beide Kontrahenten setzten an zum Rammstoß, wobei sie sich ineinander verkeilten. Der Nahkampf wurde mit Messern, Pistolen, Gewehren und Leuchtmunition geführt. Ein Enterversuch von seiten des Zerstörers schlug fehl, beide Fahrzeuge erlitten schwerste Schäden, die meisten naturgemäß das U-Boot. Schließlich konnten sich beide voneinander lösen. U 405 versank auf 49°00'n/31°14'w mit der 49-köpfigen Besatzung, Totalverlust. Aber auch der Zerstörer ging verloren. Seine Schäden erwiesen sich als so schwer, daß auch er im Meer versank. 27 Mann der Besatzung waren gefallen, der Rest wurde vom Zerstörer USS HUTCHINS/DD 476 aufgefischt.
Weitere zur Jagdgruppe gehörende Einheiten: USS GOFF/DD 247 und USS BARRY/DD 248. Sie, und auch BORIE waren Weltkrieg I-Veteranen, sogenannte »Flushdecker« oder auch »Four-Pipers«.
Die von einem Künstler gefertigte Darstellung eines Nahkampfes zwischen U-Boot und gegnerischem Schiff kommt der Wirklichkeit ziemlich nahe; der Kampf ist sehr realistisch wiedergegeben. So ähnlich dürfte sich das Duell zugetragen haben –, auch andere Boote gerieten in ähnliche Situationen.

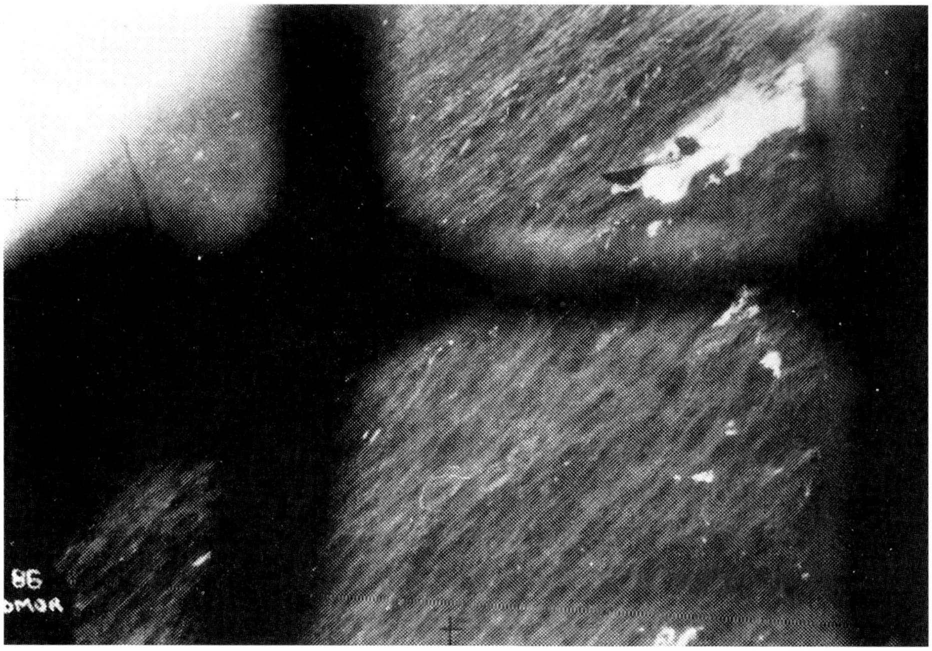

Am 1. Mai 1943 wurde das in See stehende U 415 auf 44°13'n/10°23'w mehrfach aus der Luft attackiert. Das Boot gehörte ebenfalls zum Typ VII C und war am 5. August 1942 für die 8., später 1. U-Flottille in Dienst gestellt worden. Kommandant war Kptlt Herbert Werner. Die angreifenden Flugzeuge unterstanden alle dem Coastal Command. Den ersten Anflug machte eine »Wellington« der 172. Sqdr. auf der Position 44°45'n/11°57'w um 0007 Uhr. Der zweite Anlauf kam durch eine »Sunderland« der 461. RAAF-Sqdr um 1140 Uhr, der dritte schließlich um 1725 Uhr durch eine »Whitley« der 612 Sqdr. Das Boot wurde zwar beschädigt, konnte aber seinen Stützpunkt problemlos erreichen.
Die Aufnahmen zeigen einzelne Phasen des Angriffs aus der Luft. Auch eine der äußerst gefährlichen Bomben ist zu sehen, wie sie dem Boot entgegen taumelt.
Und doch ging U 415 verloren, und zwar am 14. Juli 1944 in Brest selbst. Das Boot sollte aus dem Bunker verholen, der IWO handelte in Abwesenheit des Kommandanten eigenmächtig, und das Boot lief nach Verlassen des Bunkers auf eine in der Nacht zuvor von britischen Flugzeugen geworfene Mine, direkt an der vor dem Bunker befindlichen Netzsperre. Zwei Mann verloren ihr Leben.

Am 8. Oktober 1943 wurde U 419 (Typ VII C), Indienststellung am 18. November 1942 der 8., später 11. U-Flottille zugeordnet. Kommandant war OltzS Giersberg. Das Boot wurde im Nordatlantik von einer Patrouille fliegenden »Liberator« der 86. Sqdr. gesichtet und angegriffen. Einmal vier und nochmals zwei Wasserbomben sorgten für die Versenkung. Ein Teil der Besatzung konnte noch aussteigen, 15 Mann wurde im Wasser gesichtet, aber nur der Kommandant konnte lebend geborgen werden. 48 Mann fanden den Tod.
Die aus einer der Kanzeln des Bombers geschossene Aufnahme zeigt das in einer weißen Gischt verschwindende, sinkende Boot.

U 426 (Typ VII C), Indienststellung am 12. Mai 1943 für die 8. U-Flottille, später der 11., zuletzt der 1. U-Flottille unterstellt. Kommandant war Kptlt Christian Reich. Das Boot wurde am 8. Januar 1944 bei der Ausreise zur 2. Feindfahrt westlich Nantes/Biskaya von einer Patrouille fliegenden »Sunderland« der 10. RAAF-Sqdr. überrascht und aus nur knapp 15 Metern Höhe mit sechs Wasserbomben beworfen, die ihre Wirkung nicht verfehlten. Das Boot wurde schwer getroffen und begann sofort übers Heck zu sinken. Etwa 40 Mann der Besatzung konnten das Boot verlassen, aber auch sie überlebten nicht. Totalverlust, 50 Tote.
Die beiden aus verschiedenen Anflügen geschossenen Aufnahmen zeigen das tief im Wasser liegende Heck. Obwohl bereits zahlreiche Männer um das Boot herum zu erkennen sind, sind auch die Bordwaffeneinschläge nahe beim sinkenden Boot nicht zu übersehen.

Am 11. März 1943 fiel U 432 (Typ VII C), Indienststellung am 26. April 1941 für die 3. U-Flottille, Kommandant Kptlt Eckhardt, nachdem es durch Wasserbomben zum Auftauchen gebracht worden war, dem Rammstoß der frei-französischen Korvette ACONIT zum Opfer. 26 Mann der Besatzung verloren dabei ihr Leben. Zuvor hatte das Boot den Zerstörer HMS HARVESTER (H 19) mit Torpedoschuß versenkt. Nach dem Auftauchen wurde das Boot sofort gezielt mit Artillerie beschossen, den Rest besorgte der Rammstoß.
Die Aufnahmen zeigen das Boot nach dem Auftauchen und als Wrack kurz vor dem Untergang.

Das Opfer von U 432, der Zerstörer HMS HARVESTER (H 19) in Tarnbemalung, hohe Fahrt laufend.

Kptlt Götz von Hartmann, Kommandant von U 441 (Typ VII C), Indienststellung am 21. Februar 1942 für die 5. U-Flottille, dann 1. U-Flottille. Zwischen April und Juli 1943 fungierte das Boot als U-FLAK 1. Zu diesem Zweck erhielt es vorn vor dem Turm eine zusätzliche Plattform, desgleichen nach achtern am Turm und es kamen ergänzende FlaWaffen an Bord. Auf diese Weise versuchte man auf seiten der U-Boot-Führung der gewachsenen Luftbedrohung zu entgegnen. So hoffte man, gegnerische Flugzeuge von direkten Angriffen abzuhalten. Ein Trugschluß, denn diese brachten auch Verstärkung nıt. So erwies sich das Mitschicken dieser Flakboote als Schutz für Boote, die über Wasser schneller als unter Wasser die »Mausefalle« Biskaya durchfahren wollten und sollten, als Fehlschlag.

Drei Besatzungsmitglieder von U 441, von links: Obersteuermann Mattheis, Kptlt von Hartmann und ObltzS Hanisch.

Am 12. Juli 1943 erwischte es U 441. Das Boot befand sich nordwestlich Brest in See und wurde von drei »Beaufightern« der 248. Sqdr. angegriffen. Deren Bordwaffenbeschuß hatte verheerende Folgen: 10 Tote, 13 Verwundete, einschließlich Kommandant. Das Boot erreichte dank der navigatorischen (Segel-)Kenntnisse des Bordarztes den Stützpunkt. (Es ist überliefert, daß auf der Pier bereits zahlreiche Freiwillige standen, die sofort einsteigen und wieder hinausfahren wollten.)
Die Aufnahme zeigt einen der Angriffe: ein Einschlag rechts vom Boot, vermutlich hochgehende 3,7-cm-Munition oder Raketenbehälter.

Nach Entlassung aus dem Lazarett in Brest im Juli 1943 von links: KKpt Werner Winter, Chef der 1. U-Flottille, der Bordarzt, Stabsarzt Paul Pfaffinger (er hatte das Boot nach Hause gebracht), und der Kommandant, Kptlt Götz von Hartmann.

Das Schicksal von U 444 (Typ VII C), Indienststellung am 9. Mai 1942 für die 3. U-Flottille, später bei der 3. U-Flottille, Kommandant OltzS Langfeld, glich dem von U 432. Beide Boote hatten mit denselben Gegnern zu tun. Am 11. März 1943 wurde das Boot nach Wasserbomben zum Auftauchen gezwungen und darauf vom Zerstörer HMS HARVESTER gerammt. Den Rest besorgte die frei-französische Korvette ACONIT. Mit dem Boot gingen 41 Mann unter. Vier Mann wurden später von HMS HARVESTER aus dem Wasser gezogen, die selber erheblich beschädigt worden war, denn sie und das Boot waren beim Rammvorgang etwa 10 Minuten lang ineinander verkeilt. Erst dann lösten sie sich. Den Todesstoß versetzte die ACONIT, ebenfalls mit einem Rammstoß.
Die Aufnahme zeigt den Augenblick des Rammens: HMS HARVESTER stößt auf den Turm von U 444.

Und so sah U 441 als U-FLAK 1 aus.

Nachdem der Einsatz von Flak-Fallen (U-Booten mit erheblich verstärkter Flak → U 441) aufgegeben worden war, versuchte man deutscherseits die Boote in Gruppen durch das so gefährdete Seegebiet der Biskaya zu schicken. Aufgrund der mittlerweile vermehrten Flak sah man es als durchaus realistisch an, daß es möglich sein könnte oder war, daß sich die Boote beim schnellen Überwassermarsch gegenseitig gegen Flugzeuge decken könnten. Auch das erwies sich letztlich als Trugschluß, bekam der Gegner das schnell spitz und schickte eben mehr Flugzeuge, so daß die U-Boote schließlich keine Chance mehr hatten. An ein gegenseitiges Decken war nicht zu denken, jeder hatte mit sich selbst zu tun und mußte sich seiner eigenen Haut wehren. So erging es am 13. Juli 1943 den drei Booten U 445, U 607 und U 613. Die alliierte Luftaufnahme zeigt die drei Boote auf dem Überwassermarsch und bestrebt, mit Zick-Zack-Kursen gegnerischen Angriffen auszuweichen. Zwei Boote hatten Glück: U 445 konnte sich durch Schnelltauchen der Gefahr entziehen und U 613 ebenfalls. U 607 fiel nordwestlich Kap Ortegal Bomben zum Opfer und 46 Mann fanden den Tod. U 613 konnte zwar entkommen, wurde aber schon zehn Tage später, am 23. Juli 1943, südlich der Azoren, das Opfer von Wasserbomben des Zerstörers USS BADGER/DD 126, Totalverlust, 48 Tote.
U 445 ging am 24. August 1944 in der Biskaya verloren. Wasserbomben der Fregatte HMS LOUIS läuteten das Ende ein. Totalverlust, 53 Tote. U 445, U 607 und U 613 gehörten alle drei zum Typ VII C. Ihre Indienststellung erfolgte am 30. Mai 1942 resp. 29. Januar 1942 resp. 12. März 1942. Die Kommandanten waren: U 445 = OltzS Fischler Graf von Treuberg, U 607 = OltzS Wolf Jeschonnek, U 613 O Kptlt Helmut Köppe. Die Boote gehörten zur 6. U-Flottille (U 445), 7. U-Flottille (U 607), 3. U-Flottille (U 613).

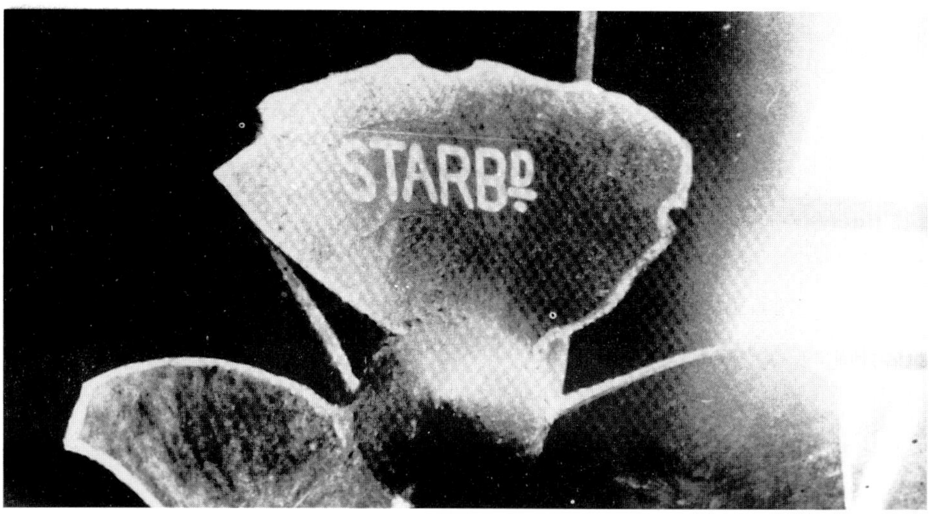

Und so sah ein Kriegsschiff aus, daß nach dem Rammen eines U-Bootes in die Werft zur Instandsetzung gehen mußte. Hier die Fregatte HMS EASTON, die am 22. August 1943 im Mittelmeer, gemeinsam mit dem griechischen Geleitzerstörer PINDOS, der U 458 mit Wasserbomben an die Wasseroberfläche bombte. Dann rammte die EASTON das Boot. Acht Mann der Besatzung verloren ihr Leben. U 458 gehörte zum Typ VII C, hatte am 12. Dezember 1941 für die 8. U-Flottille in Dienst gestellt, kam dann zur 3. U-Flottille und schließlich mit Verlegung ins Mittelmeer zur 29. U-Flottille. Das Mittelmeer war auch sein Schicksal. Kommandant des Bootes war Kptlt Diggins.
Die Aufnahmen zeigen den schwer beschädigten Vorsteven und die Flügel der Stb-Schraube.

Am 16. Oktober 1943 traf das Los das zur ersten Feindfahrt auslaufende U 470 (Typ VII C) unter OltzS Grave, Indienststellung am 7. Januar 1943 für die 5. U-Flottille, denn 11. U-Flottille. Das Boot wurde südwestlich Islands von dort patrouillierenden Flugzeugen gesichtet und sofort von drei »Liberators« der 120. Sqdr. angegriffen. Der Angriff erfolgte mit Bordwaffen und Wasserbomben, von denen beim ersten Anflug vier Stück geworfen wurden. Das Schicksal wurde schließlich am 17. Oktober besiegelt, als eine »Sunderland« der 422. RCAF-Sqdr. in den Vernichtungskampf eingriff. Das Boot sank, beobachtet wurden noch 15 bis 10 im Wasser schwimmende Männer, aber es überlebte offenbar keiner, denn in den Verlustlisten werden 46 Tote geführt.
Die Aufnahme zeigt das in der Detonationsgischt einer Wasserbombe nahezu verschwindende todgeweihte Boot.

U 556 (Typ VII C) war ein noch relativ neues Boot und hatte erst am 6. Februar 1941 unter Kptlt Wohlfahrt für die 1. U-Flottille in Dienst gestellt. Noch während der Einfahr- und Ausbildungszeit in der Ostsee kam es zwischen dem Boot und dem neuen Schlachtschiff BISMARCK zu einer typisch marineeigenen Begegnung, die darin endete, daß der Kommandant mit dem »Großen Bruder« ein Patenschaftsabkommen schloß, in dem hieß, daß U 556 stets Beschützer des Schlachtschiffes sein wolle, in allen Lagen. Dazu kam es aber nicht. Als die BISMARCK Ende Mai auf dem Weg in den Atlantik war und die Royal Navy alle Anstrengungen machte, sie zu stellen, befand sich U 556 auf dem Rückmarsch in den frazösischen Stützpunkt. Hierbei sichtete das Boot den britischen Flugzeugträger ARK ROYAL, dessen Flugzeuge mit ihren Torpedos das Ende der BISMARCK einläuteten und den U 556 nicht (obwohl in guter Schußposition) angreifen konnte, da es vom Einsatz zurück kam und über keine Torpedo mehr verfügte.
Im Juni 1941 gehörte U 556 mit zu den Booten, die auf den Geleitzug HX 133 angesetzt waren und wurde am 27. Juni 1941 von den Korvetten HMS CELADINE, HMS GLADIOLUS und HMS NASTURTIUM im Nordatlantik gestellt und mit Wasserbomben zum Sinken gebracht. Die beiden Aufnahmen zeigen das schwer getroffene und sinkende Boot.

Überlebende von U 556 im Schlauchboot. Bis auf fünf Mann wurden alle gerettet.

Auch U 563 (Typ VII C) überlebte die Atlantikschlacht nicht. Das Boot wurde am 27. März 1941 für die 1. U-Flottille in Dienst gestellt und am 31. Mai 1943 südwestlich der Scilly-Inseln von Patrouille fliegenden Flugzeugen des Typs „Halifax« und »Sunderland« ausgemacht und angegriffen. Die Flugzeuge gehörten zur 58. Sqdr, 228. Sqdr und 10. RAAF-Sqdr. Der erste Angriff erfolgte blind, das heißt ohne Erfolg, beim zweiten wurden drei Wasserbomben geworfen, dann griffen die beiden »Sunderlands« mit je vier Wasserbomben an und schließlich nochmals zwei Angriffe einer »Sunderland«. Erst nach einem vierten Angriff gelang die endgültige Vernichtung.
Die Aufnahme zeigt das mit Hartruderlage ausweichende Boot.

Das Ende: Wasserbombendetonation direkt am Boot. Die sehr geschickten Ausweichmanöver des Kommandanten OltzS Gustav Borchhardt retteten das Boot nicht.

Suche nach Überlebenden von U 563.

Das sinkende Boot. Im Strudel ist die Brücke zu erkennen und nur das Heck ragt noch aus dem Wasser. Totalverlust, 53 Tote.

Am 8. Mai 1941 stellte U 569 (Typ VII C) für die 3. U-Flottille in Dienst. Am 22. Mai 1943 wurde das Boot unter OltzS Hans Johannsen im Nordatlantik von Flugzeugen des Geleitträgers USS BOGUE gestellt, mit Wasserbomben angegriffen und so schwer beschädigt, daß es nicht mehr tauchfähig war. Dann versuchte der inzwischen herangeeilte Zerstörer HMCS ST. LAURENT das Boot zu kapern. Das wurde aber rechtzeitig durch die noch an Bord befindliche Besatzung verhindert, indem sie es selbstversenkte. Es gab 21 Tote.
Die Aufnahme zeigt das Boot während der Angriffe. In den Kreisen hinabtaumelnde Wasserbomben. Noch läuft U 569 hohe Fahrt.

Die nachfolgenden Aufnahmen zeigen eines der »dunkelsten Kapitel« der deutschen U-Bootgeschichte. Es behandelt U 570 (Typ VII C). Das Boot hatte am 15. Mai 1941 für die 3. U-Flottille in Dienst gestellt, Kommandant Kptlt Rahmlow. Es befand sich auf seiner ersten Feindfahrt. Die Besatzung war noch relativ unerfahren und nicht eingespielt, das heißt, es gab nur einige wenige mit etwas Fronterfahrung. Das Wetter war rauh, viele Männer waren seekrank, daher fuhr der Kommandant zeitweise getaucht. Als das Boot schließlich auftauchte, versäumte der Kommandant offenbar den obligatorischen Rundblick durch das Sehrohr und konnte so nicht ahnen, daß in diesem Seegebiet des Nordatlantik Patrouille fliegende Flugzeuge gegenwärtig waren. Eine davon war eine »Hudson«. Sie sichtete das Boot und griff sofort mit Bomben an. Das Boot wurde zwar nicht beschädigt, aber vermutlich hatte ein Nahtreffer die Batterie zum Gasen gebracht, und das veranlaßte den Kommandanten, an der Oberfläche zu bleiben. Die weiteren Vorgänge waren offenbar davon geprägt, daß dem U-Boot Signale übermittelt wurden die besagten, falls sich das Boot selbstversenken würde, keine Vorkehrungen getroffen würden, die Besatzung zu retten. Das mag ausschlaggebend dafür gewesen sein, daß in dieser Hinsicht nichts geschah. Die Aufnahme zeigt das treibende Boot, umkreist von der »Hudson«, unter der Tragfläche eine der üblichen Bomben.

Inzwischen hatte das Flugzeug Verstärkung herangefunkt. Hier in Gestalt des Trawlers HMS NORTHERN CHIEF.

U 570 aus anderer Sicht. Die Besatzung bevölkert die Brücke, auf dem Achterdeck des Zerstörers HMS BURWELL (H 94) ebenfalls aufmerksam beobachtende Männer. Letztere klar bei den dort lagernden Wasserbomben. Außer den bereits erwähnten Einheiten kamen im Verlauf des Tages weitere Fahrzeuge hinzu, so der Zerstörer HMCS NIAGARA und die Trawler KINGSTON AGATE und WINDERMERE. Zwei von ihnen werden U 570 später auf den Haken nehmen und abschleppen.

HMS BURWELL schickte dann ein Enterkommando auf das U-Boot und sicherte so, daß es nicht doch noch unterging. Aber daran dachte niemand.

Das Enterkommando beim Übersetzten auf U 570, dessen Brücke von der Besatzung bevölkert ist.

U 570 wurde nach einem britischen Stützpunkt verbracht, überholt, mit einer Besatzung der Royal Navy bemannt und stellte am 15. September 1941 als HMS GRAPH in Dienst, um nun Jagd auf deutsche U-Boote zu machen (siehe → U 333).

Hier HMS GRAPH in einem Stützpunkt der Royal Navy. Längsseits HMS SURF:
Anzumerken bleibt, daß nach Ausschiffen der Besatzung U 570 in einem britischen Stützpunkt der IWO des Bootes aus der Gefangenschaft ausbrach und sich auf den Weg zum Hafen machte, um sein Boot im Nachhinein doch noch zu versenken. Er wurde dabei erschossen.
Der Kommandant wurde – wie die meisten bzw. alle U-Bootfahrer – nach Kanada in dortige Gefangenenlager verbracht. Er ging einem aus damaliger Sicht durchaus gerechtfertigten Los entgegen, denn für die Dauer der Gefangenschaft wurde er »geschnitten«.

Das Ende von U 575 am 13. März 1944. Das Boot gehörte zur 7. U-Flottille, hatte am 19. Juni 1941 in Dienst gestellt und fuhr unter dem Kommando von OltzS Wolfgang Böhmer. Es war die zehnte Feindfahrt. Das Boot gehörte mit zu den ersten, die einen Schnorchel erhalten hatten und damit in den Einsatz fuhren. Pech, daß U 575 im Nordatlantik einer »Hunter-Killer-Group«, zu der der Geleitträger USS BOGUE gehörte, in die Arme lief. Es wurde sofort angegriffen. Der erste Angriff durch eine »Wellington« der 172. Sqdr. schien erfolglos, aber dann flogen zwei Bomber des Typs »Fortress« der 206. Sqdr. an. Ihre Angriffe zeigten Wirkung. Das Foto zeigt die abgerissene Heckverkleidung des Bootes. Nun kamen die zur Geleitgruppe gehörenden Fahrzeuge hinzu und taten mit Wasserbomben ihr übriges. Es waren die Fregatte HMCS PRINCE RUPERT und die beiden amerikanischen Schiffe USS HOBSON/DD 464 und USS HAVERFIELD/DE 393. 18 Mann gingen mit dem Boot unter, sieben wurden von USS HAVERFIELD, 16 und der Kommandant von USS HOBSON aus dem Wasser gefischt.

U 582 (Typ VII C), Indienststellung am 7. August 1941 für die 5. U-Flottille, später bei der 1. U-Flottille. Das Boot befand sich auf seiner fünften Feindfahrt, als es am 5. Oktober 1942 südwestlich Islands von einer dort Patrouille fliegenden »Catalina« der 73. USN-Sqdr. gesichtet und mit Bomben vernichtet wurde. Totalverlust, 46 Tote. Obwohl der Kommandant, Kptlt Werner Schulte, versuchte, mit hoher Fahrt der Bedrohung aus der Luft zu entkommen, es gelang nicht. Genau vor dem Bug detonierte eine der Wasserbomben und stoppte das Boot.

Diese »Liberator« wurde U 597 zum Verhängnis. Der zur 120. Sqdr. gehörenden Maschine gelang es am 12. Oktober 1942 südwestlich Islands das unter Kptlt Bopst fahrende Boot mit Bomben zu vernichten. U 597 (Typ VII C) hatte am 20. November 1941 für die 8. U-Flottille in Dienst gestellt und gehörte dann zur 1. U-Flottille. Es befand sich auf seiner zweiten Feindfahrt, als es vom Schicksal ereilt wurde. Die geworfenen Bomben saßen genau. Hier die direkt unter dem Heck detonierende Bombe, ein für das U-Boot tödlicher Treffer. Totalverlust, 49 Tote.

Diese Aufnahme zeigt die Vernichtung von U 601 (Typ VII C), Indienststellung am 18. Dezember 1941. Das Boot gehörte anfangs zur 5. U-Flottille, später dann zur 11. und 13. U-Flottille, beide in Norwegen stationiert. Das Boot wurde am 25. Febraur 1944 von einer zur Sicherung des Geleitzuges JW 57 gehörenden »Catalina« der 210. Sqdr. nordwestlich Narvik gesichtet und mit zwei genau sitzenden Wasserbomben versenkt. Auch hier deutlich sichtbar die verheerende Wirkung der Wasserbomben am Heck des Bootes. Das unter OltzS Otto Hansen fahrende Boot wurde zum Totalverlust, 52 Tote (obwohl vom Flugzeug aus mindestens zehn im Wasser schwimmende Männer gezählt wurden, aber bei der Wassertemperatur in dieser Jahreszeit gab es kaum Chancen, zu überleben).

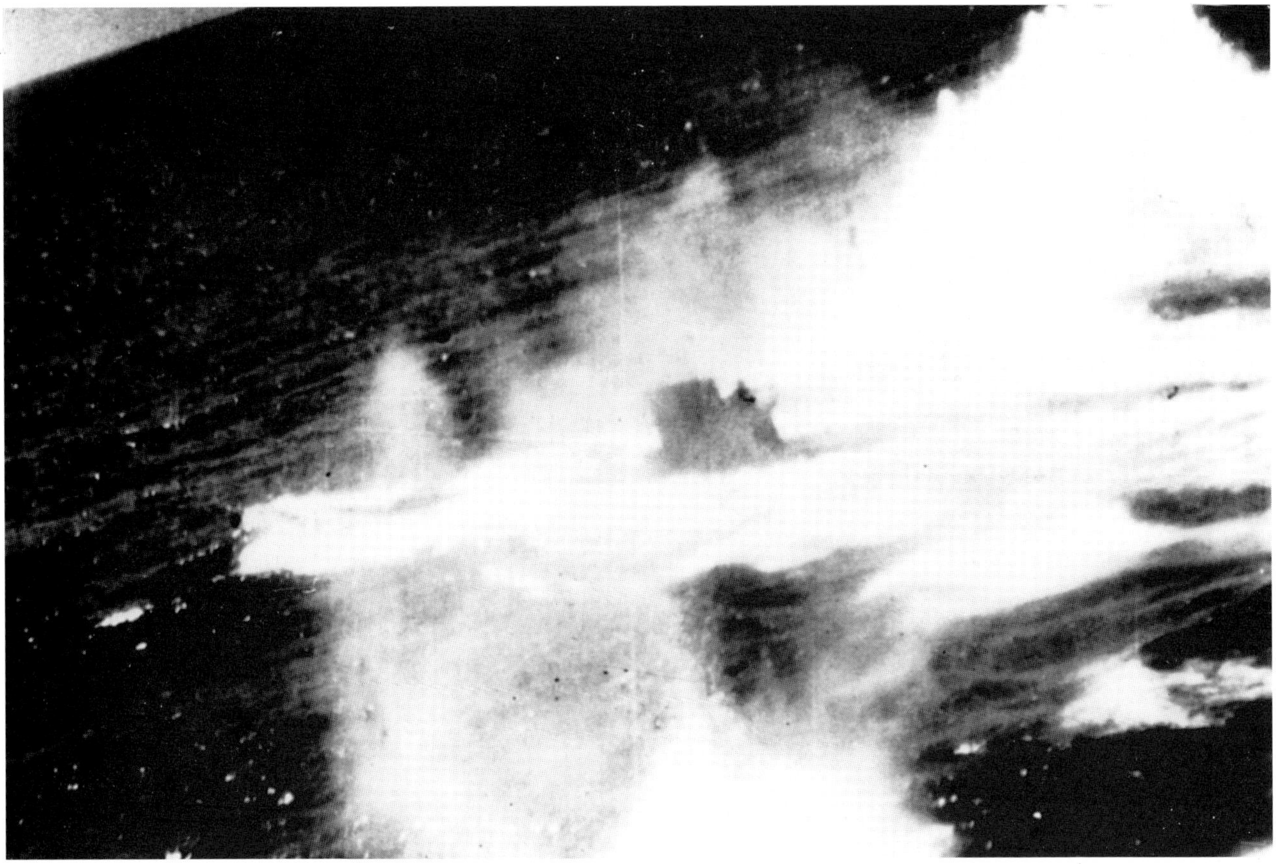

Angriff einer »Catalina« der 202. Sqdr. auf U 620 (Typ VII C) am 14. Februar 1943 nordwestlich von Lissabon. Das Boot befand sich unter seinem Kommandanten Kptlt Heinz Stein auf seiner zweiten Feindfahrt. In der Nähe lief auch U 381, dem der erste Angriff des Flugbootes galt, das beschädigt den Rückmarsch antreten mußte und entkam. U 620 hatte weniger Glück. Die Bomben saßen genau, das Boot sank mit 46 Mann, Totalverlust. Es hatte am 30. April 1942 in Dienst gestellt und gehörte nacheinander zur 8. und 3. U-Flottille.

U 620 sinkt, das Heck hebt sich aus dem Wasser.

U 625 (Typ VII C), Indienststellung am 4. Juni 1942 für die 8. U-Flottille, später der 3., 11. und 1. U-Flottille zugehörig. Am 10. März 1944 wurde das unter OltzS Siegfried Straub fahrende Boot westlich Irlands von einer »Sunderland« der 482. RCAF-Sqdr. mit Bordwaffen und Wasserbomben angegriffen. Das Boot wehrte sich mit heftigem und ziemlich genau liegenden Fla-Feuer, aber sechs genau sitzende Wasserbomben machten ein Ende. Die vier Aufnahmen zeigen einzelne Phasen dieses Kampfes. Aber die aus nur 20 m Höhe geworfenen Wasserbomben machten dem ungleichen Spiel ein Ende.

U 625 sinkt über den Achtersteven. Im Wasser bereits zahlreiche Männer in Schlauchbooten oder mit Schwimmwesten. An Oberdeck des Bootes werden weitere Schlauchboote klargemacht. Dennoch: Keiner überlebte, Totalverlust, 53 Tote.

Drei Aufnahmen vom Angriff zweier »Liberator« der 86. bzw. 120. Sqdr. am 8. Oktober 1943 im Nordatlantik. Das unter dem Kommando von Kptlt Speidel stehende U 643 war ohne Chance. Es wurde voll getroffen. Während die eine Aufnahme den Untergang des Bootes zeigt, der Bug reckt sich bereits aus dem Wasser, zeigen die beiden anderen, wie es schwer getroffen durch die Auswirkungen der geworfenen Bombe(n) in einer es umgebenden Gischt (entweder von der Bombendetonation oder durch ständiges Anblasen der letzten Druckluft, um schwimmfähig zu bleiben). Auf der Turmbrücke Besatzungsangehörige mit Schwimmwesten und beim Hantieren mit einem Schlauchboot. 30 Mann verloren ihr Leben, 21 überlebten. U 643 (Typ VII) hatte am 8. Oktober 1942 – genau ein Jahr vor dem Ende – für die 5. U-Flottille in Dienst gestellt und kam dann zur. 1. U-Flottille.

Nur selten – überwiegend in den ersten Monaten des Seekrieges – ging es so zu. Hier das von den beiden Korvetten HMS LOTUS und HMS STARWORT im Mittelmeer hochgebombte U 660. Es geschah am 12. November 1942. Das zum Typ VII C gehörende Boot fuhr unter dem Kommando von Kptlt Götz Baur und hatte am 8. Januar 1942 für die 5. U-Flottille in Dienst gestellt, gehörte dann zur 9. U-Flottille um schließlich ins Mittelmeer zu verlegen, jetzt der 29. U-Flottille zugeteilt. Das Boot ist nicht mehr tauchfähig, die Besatzung versammelt sich diszipliniert an Oberdeck und wartet auf Bergung durch die Royal Navy. Dann sinkt das

Versenkung des U 664 (Typ VII C) am 9. August 1943 durch Flugzeuge des zu einer »Hunter-Killer-Group« gehörenden Geleitträger USS CARD. Die eine Aufnahme zeigt das Boot während eines Überflugs der Maschinen, hier bereits mit dem Heck tief im Wasser liegend. Die zweite Aufnahme zeigt das Aussteigen der Besatzung aus dem sinkenden Boot. Schlauchboote werden hergerichtet und zu Wasser gebracht. U 664 hatte am 17. Juni 1942 in Dienst gestellt und gehörte anfangs zur 8. U-Flottille, endgültig dann zur 9. U-Flottille. Es stand unter dem Kommando von OltzS Adolf Graef. Der Nordatlantik wurde zur letzten Ruhestatt. Mit dem Boot versanken sieben Männer, 44 wurden durch den inzwischen eingetroffenen Zerstörer USS BORIE gerettet (BORIE, siehe → U 405).

Vernichtung des zur ersten Feindfahrt unter seinem Kommandanten OltzS Sammler auslaufenden U 675 (Typ VII C) am 24. Mai 1944 durch die Bomben einer »Sunderland«, westlich Aalesund. Totalverlust, 51 Tote. Das Boot hatte am 14. Juli 1943 für die 5. U-Flottille in Dienst gestellt und gehörte dann der 6. U-Flottille an. Die Aufnahmen zeigen die einzelnen Phasen dieser Angriffe.

Am 6. März 1944 ereilte das Schicksal im Nordatlantik das unter OltzS Blischke auf seiner siebten Feindfahrt befindliche U 744 (Typ VII C), Indienststellung am 5. Juni 1943 für die 8. U-Flottille, dann der 9. U-Flottille unterstellt. An der Bekämpfung des Bootes waren beteiligt: Zerstörer HMS ICARUS, HMCS CHANDIERE, HMCS GATINEAU, Fregatte HMCS ST. CATHERINES und die Korvetten HMS KENILWORTH CASTLE, HMCS FENNEL, HMCS CHILLIWACK.
Das Boot wurde durch gezielte Wasserbomben von HMS ICARUS zum Auftauchen gezwungen und dann mit allen verfügbaren Mitteln daran gehindert, die eigenen Waffen zu benutzen.
Die Aufnahme zeigt das an der Wasseroberfläche treibende Boot zwischen dem Zerstörer HMS ICARUS (rechts) und der Korvette HMCS CHILLIWACK. Letztere versuchte ein Enterkommando auf U 744 zu bringen, um es am Sinken zu hindern. Außer einem symbolischen Setzen der »White Ensign« schlug dieser Versuch jedoch fehl. Das Boot versank unter den Füßen.

Der total zerschossene Turm von U 744. Gut zu erkennen das Beiboot des Enterkommandos, mit dem schließlich die 12 Überlebenden der Besatzung auf die Korvette verbracht wurden.

Zwei aus unterschiedlichem Anflugwinkel geschossene Aufnahmen des waidwund gebombten U-Bootes U 751 (Typ VII C). Das am 31. Januar 1941 für die 7. U-Flottille in Dienst gestellte Boot unter Kptlt Bigalk wurde am 17. Juli 1942 nordwestlich Kap Ortegal von einer »Whitley« der 502. Sqdr. und einer »Lancaster« der 61. Sqdr. gestellt und mit Bomben vernichtet. Es war ein Totalverlust mit 48 Toten.

Am 10. Juni 1944 erwischte es in der Biskaya das unter OltzS Knackfuss zur zweiten Feindfahrt auslaufende U 821 (Typ VII C). Das Boot hatte am 11. Oktober 1943 für die 24. U-Flottille in Dienst gestellt und gehörte dann zur 4., endgültig zur 1. U-Flottille. Knapp eine halbe Meile vor der Küste wurde es von vor Ushant Patrouille fliegenden gegnerischen Flugzeugen angegriffen. Es handelte sich um vier »Mosquitos« der 248. Sqdr. und eine »Liberator« der 206. Sqdr. Während die »Mosquitos« mit Bordwaffen agierten, warf die »Liberator« Wasserbomben. Die Aufnahme zeigt die Wirkung einer vor dem Stb-Bug des hohe Fahrt laufenden Bootes.

U 821 vor dem Untergang. Die Besatzung verließ teilweise das sinkende Boot und wurde im Wasser schwimmend weiter beschossen. 50 Mann verloren ihr Leben, nur einem gelang es schwimmend die rettende Küste zu erreichen.

Am 10. November 1943 wurde U 966 (Typ VII C) das Opfer von Bomben und Wasserbomben. Das zur 9. U-Flottille gehörende Boot hatte am 4. März 1943 für die 5. U-Flottille in Dienst gestellt, Kommandant war OltzS Eckehard Wolf.
Die Aufnahme zeigt das hohe Fahrt laufende Boot unter Beschuß, die eigenen Waffen sind nicht besetzt: insgesamt acht x 2-cm-Flak (ein Vierling und zwei Doppellafetten). An der Versenkung beteiligt waren: eine »Wellington« der 612. Sqdr., zwei »Liberators« der 103. bzw. 110. USN-Sqdr. und eine »Liberator« der 311. tschechischen Sqdr.
Auch U 966 wurde noch in der Biskaya erwischt, acht Mann fanden den Tod, die restliche Besatzung ging in spanische Internierung.

U 968 (Typ VII C/41) hatte Glück. Das unter OltzS Otto Westphalen fahrende Boot hatte am 18. März 1943 für die 5. U-Flottille in Dienst gestellt und gehörte dann zur 13. U-Flottille, Stützpunkt Drontheim. Das Boot wurde noch bei der Ausfahrt von einer »Liberator« der 86. Sqdr. mit Wasserbomben angegriffen. Beim ersten Anflug wurden sechs Bomben aus etwa 20 Metern Höhe geworfen, beim zweiten nochmals zwei aus etwa 10 Metern. Das Boot wurde schwer beschädigt, konnte aber doch noch tauchen und kehrte in den Stützpunkt zurück.
Das Boot überlebte den Krieg, wurde 1945 ausgeliefert und in der Operation »Deadlight« versenkt.
Die Aufnahme zeigt eine dicht hinter dem Heck detonierende Wasserbombe. Das Boot läuft Höchstfahrt und dreht Kreise.

U 968 aus der Sicht des Angreifers, beim Überflug von Backbord. Beachte den einsamen Mann an der Flak auf dem achteren Wintergarten. Das Boot versuchte, den Angreifer mit seinen zahlreichen FlaWaffen abzuwehren, zumindest aber am gezielten Abwurf zu hindern. Dabei wurde einer der Männer der Fla-Bedienung getötet, sechs weitere verwundet.

U 980 im Inferno der detonierenden Wasserbomben. Da gab es trotz Höchstfahrt und Drehkreisfahren kein Entrinnen. U 980 war vom Typ VII C, hatte am 27. Mai 1943 für die 5. U-Flottille in Dienst gestellt und gehörte zur 7. U-Flottille. Das unter Kptlt Dahms fahrende Boot wurde am 11. Juni 1944 nordwestlich Bergens von einer Maschine des Typs »Canso B« der 162. RCAF-Sqdr. angegriffen und versenkt. Obwohl vom Flugzeug aus etwa 35 Mann im Wasser gezählt wurden, überlebte keiner, Totalverlust, 52 Tote

Und so sah das Ergebnis einer U-Jagd aus: hier die Fregatte HMS AYLMER nach Rammen des U-Bootes U 1051 (Typ VII C) unter OltzS von Holleben am 26. Januar 1945. Die Versenkung des Bootes erfolgte im Seegebiet der Isle of Man. Zur U-Jagdgruppe gehörten u.a.: Fregatten HMS AYLMER, HMS CALDER, HMS BENTINECK, HMS MANNERS. Das Boot wurde mit Wasserbomben an die Oberfläche geholt und dann von HMS AYLMER gerammt. Totalverlust, 47 Tote.

U 1060 gehörte zum Typ VII F (vom Entwurf her als Torpedotransporter klassifiziert), stellte am 15. Mai 1943 für die 5. U-Flottille in Dienst und sollte dann zur 12. U-Flottille in Bordeaux stoßen, was wegen irgendwelcher Schäden nicht realisiert wurde.
Das Boot stand unter dem Kommando von OltzS Brammer und wurde am 27. Oktober 1944 im Nordmeer von einer »Liberator« der 311. tschechischen Sqdr. und zwei »Halifax« der 502. Sqdr. angegriffen und dabei beschädigt. Der Angriff kostete 12 Tote. Das Boot lief zurück und befand sich auf dem Weg Narvik - Bergen, als es durch »Fireflys« der 1771. Sqdr. des Fleet Air Arm angegriffen wurde, die vom in diesem Gebiet operierenden Flugzeugträger HMS IMPLACABLE kamen. Der Kommandant setzte das Boot auf einen Felsen. Die Verluste waren hoch, denn außer der Besatzung befanden sich weitere 28 Mann der Besatzung von U 957 an Bord, daß am 19. Oktober 1944 westlich von Tromsö mit einem Frachter kollidierte und am 21. Oktober 1944 aufgrund irreparabler Schäden außer Dienst gestellt hatte. Die Zahl der Toten betrug somit 61. Die Aufnahme zeigt das Wrack von U 1060. Die Schäden an Oberdeck sind nicht zu übersehen.

Die Bekämpfung der U-Boote währte bis zum letzten Tag des Krieges. Die Aufnahme dokumentiert die Vernichtung von U 1065 (Typ VII C), Indienststellung am 23. September 1944 unter OltzS Panitz und zur 5. U-Flottille gehörig, am 9. April 1945 im Kattegat. Das Boot befand sich auf dem Marsch nach Norwegen, als es von dort Patrouille fliegenden »Mosquitos« überrascht wurde, die sofort mit Bordwaffen und Raketen angriffen. 45 Mann der Besatzung gingen mit dem Boot unter. Das Boot befand sich nicht alleine auf dem Verlegungsmarsch, ganz in seiner Nähe fuhr U 804, das ebenfalls versenkt und zum Totalverlust wurde.

Drei Aufnahmen von U 106 (Typ IX B) während des Angriffs von zwei »Sunderlands« der 228. Sqdr. und 461. RAAF-Sqdr. Die geworfenen Wasserbomben führten nicht zur Vernichtung des Bootes, es wurde jedoch so getroffen, daß es den Rückmarsch nach Frankreich antreten mußte. Das Boot hatte am 24. September 1940 in Dienst gestellt und gehörte zur 2. U-Flottille. Der Kommandant bei dieser Fahrt war OltzS Damerow.
Das Boot hatte bereits am 27. Juli 1942, damals unter Kptlt Rasch, Angriffe durch eine »Wellington« der 311. tschechischen Sqdr. überstanden, wenn auch mit Schäden – war also ein »altes Schlachtroß«, wie man so sagt.

Der Rückmarsch stand unter keinem guten Stern. Noch am selben Tag, an dem die ersten Angriffe erfolgt waren, kam das Ende. Es war der 2. August 1943. Das Boot stand in Höhe Kap Ortegal, als die Flugzeuge erneut zuschlugen, diesmal »Sunderlands« der 407. RCAF-Sqdr. Sechs Wasserbomben besiegelten das Schicksal von U 106. Es waren 25 Tote zu beklagen. Von den deutschen Torpedobooten T 24 wurden später 17 Mann und von T25 der Kommandant und 19 Überlebende aus dem Wasser geholt, von denen einer noch starb.
Die beiden Aufnahmen zeigen das manövrierunfähige U 106 und die Untergangsstelle, kenntlich an den zahlreichen Detonationspilzen; die »Sunderland« überfliegt die Abwurfstelle.

Untergang von U 109 (Typ IX B) am 7. Mai 1943 südlich Irlands nach Bomben einer »Liberator» der 86. Sqdr., die zur Sicherung des Geleitzuges HX 236 westlich der Azoren gehörte. Das Boot stand unter dem Kommando von OltzS Schramm und hatte am 5. Dezember 1940 in Dienst gestellt. Es gehörte zur 2. U-Flottille. Mit dem Boot gingen 52 Mann unter.

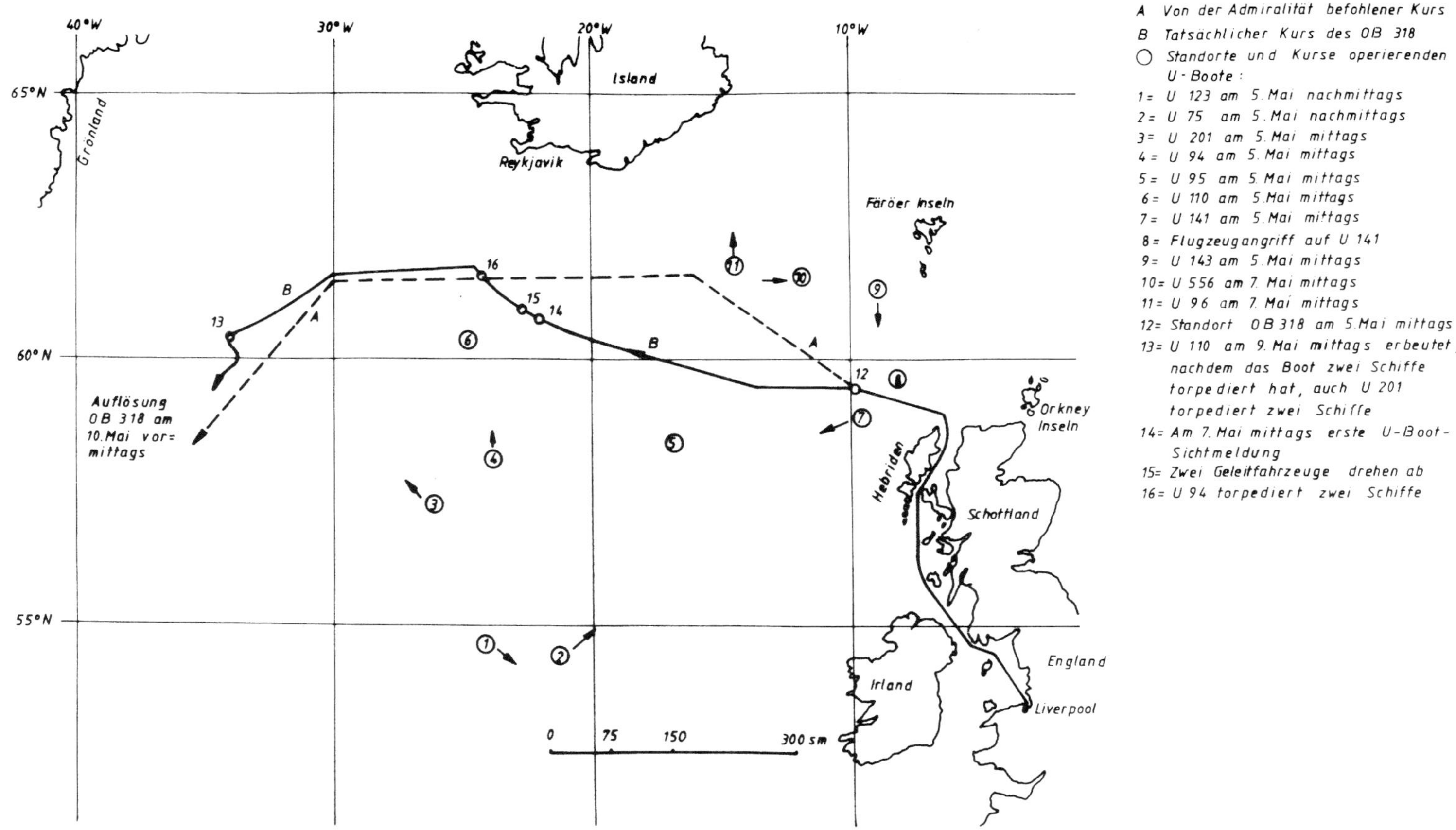

Die Lage im Nordatlantik zwischen dem 5. und 10. Mai 1941: Bekämpfung des Geleitzuges OB 318, auslaufen Liverpool am 2. Mai 1941

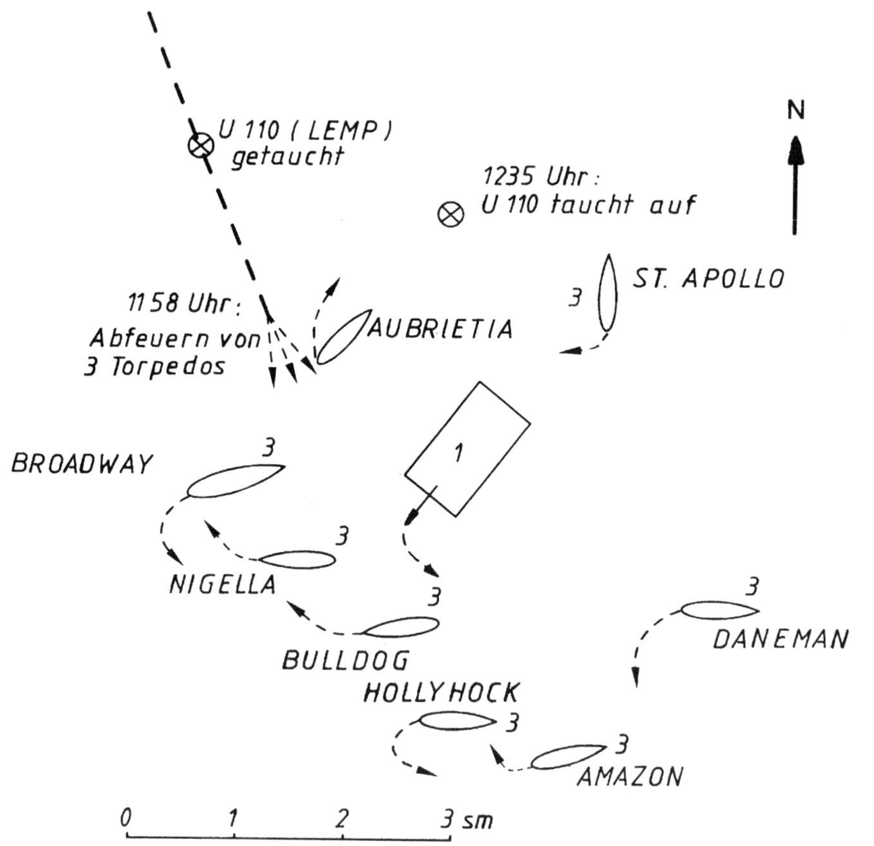

U 110 : Angriff auf den Convoy OB 318

1 = OB 318 , Generalkurs

2 = Kursänderung 9. Mai mittags

3 = Geleitfahrzeuge = Zerstörer, Korvetten

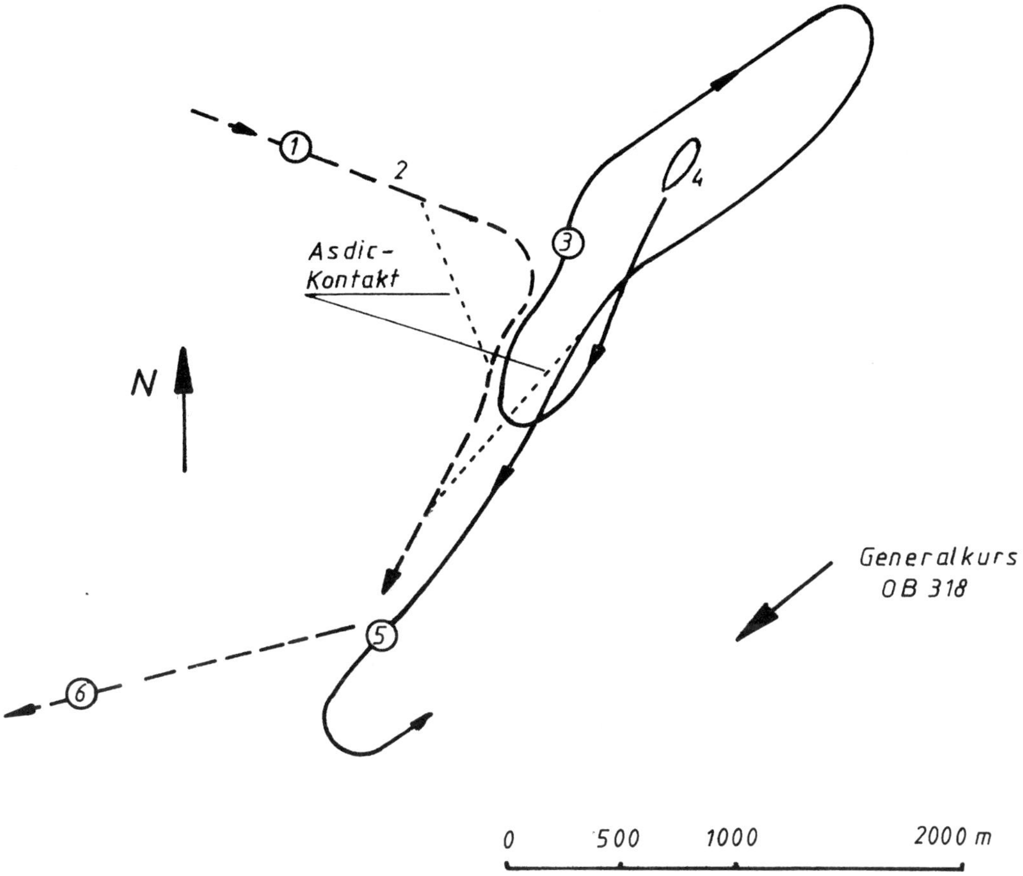

Bekämpfung von U 110 am 9. Mai mittags durch HMS „Aubrietia"

1 = U 110 taucht
2 = Vermutlicher Kurs U 110
3 = Wasserbomben geworfen von HMS „Aubrietia"
4 = Such- und Jagdkurse HMS „Aubrietia"
5 = Wasserbomben auf U 110
6 = U 110 wird zum Auftauchen gebracht

Anfang Mai 1941 standen einige U-Boote im Nordatlantik, um dort auftauchende Geleite aufzufangen, die Fühlung herzustellen und nach Heranführung weiterer Boote anzugreifen. Dazu gehörten u.a. die Boote U 94, U 123, U 201, U 96, U 95, U 141, U 143, U 556 und U 110. Am Abend des 7. Mai meldete U 94 den südlich Island fahrenden Geleitzug OB 318. Dieser kam von Reykjavik/Island und wurde von der 7. Escort-Group mit den Zerstörern HMS WESTCOTT, HMS NEWMARKET und HMS CAMPBELTOWN gesichert. Im Verlauf der Nacht wurde diese Gruppe von der 3. Escort-Group mit den Zerstörern HMS BULLDOG, HMS AMAZON, HMS BROADWAY und dem Hilfskreuzer RANPURA abgelöst. Von der 7. Escort-Group verblieben weiterhin als Sicherung am Geleit die Sloop HMS ROCHESTER und die Korvetten HMS PRIMROSE, HMS NASTURTIUM, HMS MARIGOLD, HMS DIANTHUS und HMS AURICULA. Am 8. Mai stießen als Ablösung dieser Korvetten weitere Einheiten der 3. Escort-Group zum Geleit: Korvetten HMS AUBRIETIA, HMS NIGELLA, HMS HOLLYHOCK sowie die Trawler ANGLE, ST. APOLLO und DANEMAN.

Am Abend dieses Tages erhielt U 110 Fühlung mit dem Geleit und konnte am 9. Mai mittags zwei Schiffe mit Torpedoschuß versenken. U 110 wurde unmittelbar darauf mit Wasserbomben an die Wasseroberfläche gezwungen und unter heftiges Feuer genommen.

U 110 (Typ IX B) wurde am 21. November 1940 unter dem Kommando von Kptlt Lemp für die 2. U-Flottille in Dienst gestellt. Kptlt Lemp war der Kommandant, der am 3. September 1939, also gleich nach Kriegsausbruch mit Großbritannien, den englischen Passagierdampfer ATHENIA (13581 BRT) versenkt hatte. An Bord befanden sich auch 311 amerikanische Staatsbürger. Von 1103 Passagieren plus 315 Mann Besatzung fanden 112 den Tod. Lemp glaubte einen Truppentransporter vor sich zu haben, zumal die ATHENIA entgegen der allgemeinen Regeln abgeblendet und Zick-Zack-Kurse lief. Soweit hierzu. Ansonsten zählte Kptlt Lemp durchaus auch zu den erfolgreichen Kommandanten. Auf sein Konto ging auch die Torpedierung des Schlachtschiffes BARHAM am 28. Dezember 1939, das für mehrere Monate ausfiel.

Nachdem U 110 durch die Wasserbomben der Korvette HMS AUBRIETIA und Zerstörer HMS BULLDOG und HMS BROADWAY an die Wasseroberfläche gebombt worden war, wurde der Turm des Bootes sofort unter gezieltes Feuer genommen, man war der Meinung, auf U 110 sollten die Waffen besetzt werden. Der Beschuß kostete 14 Mann das Leben. Das Boot wurde von der Besatzung verlassen, die im Wasser schwimmenden Männer aufgefischt. Und dann geschah etwas Seltsames. Die Briten erkannten, daß das Boot nicht sank, bzw. daß das Absacken nur recht langsam vor sich ging. Folglich kam man auf die Idee, das U-Boot zu kapern und als Beute in einen eigenen Stützpunkt zu schleppen. Gleich nachdem dieser Entschluß gefaßt war, wurde die mittlerweile aus dem Wasser gezogene Besatzung schleunigst unter Deck geführt, um so zu vermeiden, daß sie etwas von dem Vorhaben mitbekam. Bis auf einen Mann gelang das auch. Dieser eine war der Kommandant, der wohl plötzlich erkannte, daß das »Absaufen« des Bootes nicht so schnell vonstatten ging wie erhofft. Er schwamm zum Boot zurück, wurde dabei erkannt, unter Handwaffenfeuer genommen und – wie man heute wohl richtig annimmt – erschossen.

Die Aufnahme zeigt das nicht mehr tauchfähige U 110. Die Besatzung wurde bereits aus dem Wasser geholt. Rechts HMS BULLDOG, bei dem gerade ein Beiboot mit dem Enterkommando zu Wasser gelassen wird zum Übersetzen auf das U-Boot. Die Aufnahme wurde von Bord der Korvette HMS AUBRIETIA gemacht. U 110 wurde vom Zerstörer BULLDOG auf den Haken genommen, der Zerstörer HMS BROADWAY nahm beim späteren Manövrieren Schäden durch Kollision mit dem Tiefenruder des Bootes. Der Schleppzug nahm Kurs auf Reykjavik, aber das Boot war schließlich doch nicht haltbar, und am 11. Mai versank es nach Kappen der Schleppverbindung endgültig in die Tiefe.

Dieses Gerät gehört mit zur Geschichte von U 110. Es ist eines der Schlüsselgeräte, genannt »Enigma«, die zum Chiffrieren und Dechiffrieren von Funksprüchen in der deutschen Wehrmacht benutzt wurden, wobei das bei der Kriegsmarine verwendete von denen des Heeres und der Luftwaffe im Detail abwich. Eines dieser frühen Exemplare gelangte auf mysteriöse Weise in den 30er Jahren in die Hände des polnischen Geheimdienstes und wurde nach Kriegsausbruch an die Briten weitergegeben. In Großbritannien etablierte sich – ähnlich dem »Room 40« des Ersten Weltkrieges – eine aus Wissenschaftlern und Experten zusammengesetzte Gruppe, deren spezielle Aufgabe es für die Dauer des Zweiten Weltkrieges sein sollte, sich mit dieser Aufgabe, dem Knacken der deutschen Codes, zu befassen. Das war im August 1939, Standort Bletchly Park bei London. Von Beginn an waren die Briten darauf bedacht, weiteres Material zu erhalten, und das war nur mit viel Glück zu realisieren. Aber es gelang auf vielfältige Weise.

Da war die Aufbringung einzelner deutscher Wetterbeobachtungsschiffe (ehemalige für diesen Zweck umgebaute Fischtrawler wie KREBS, MÜNCHEN, AUGUST WRIEDT und LAUENBURG), aber auch bei vereinzelten Raids gegen die norwegischen Küstenstriche.

Und dann die Sache mit U 110. Daß der Kommandant versuchte, zum Boot zurückzuschwimmen, lag vermutlich darin begründet, daß er mit Schrecken erkannte, daß es nicht schnell genug sank, und daß er im Vertrauen auf ein schnelles Sinken wohl eklatant gegen bestehende Weisungen verstoßen hatte, indem er nicht alles getan hatte, die Geheimunterlagen über Bord zu werfen bzw. zu vernichten. Das erkannten auch die Briten. So ging es ihnen wohl auch um die Kaperung des Bootes, doch was sie dann fanden, war weit wertvoller, nämlich die kompletten Schüsselunterlagen einschließlich der »Engima». Diese Beute hat dann in Verbindung mit den bereits zuvor gefundenen Unterlagen später der deutschen Marine großen Schaden zugefügt. So gelang es kurz darauf, mit Hilfe dieser ganzen Unterlagen alle Funksprüche zu entziffern, und viele Schiffe und Boote wurden Opfer der eingeleiteten Gegenmaßnahmen auf seiten der Alliierten. So gelang es nach und nach, die gesamte Versorgungskette im Atlantik, die zur Unterstützung der Unternehmung »Rheinübung« des Schlachtschiffes BISMARCK und des Schweren Kreuzers PRINZ EUGEN weit in den atlantischen Gewässern auf Position lag, aufzurollen. Dabei kam es – dies als Anmerkung – auch zu unschönen Begebenheiten; die beiden Tanker GEDANIA und LOTHRINGEN ergaben sich ohne Gegenmaßnahmen, der Kapitän der GEDANIA übergab nicht nur sein Schiff sondern mit diesem auch alle Geheimunterlagen, einschließlich der Schüsselmaschine. Im Anschluß ließ er sich Arm in Arm mit dem Gegner fotografieren – ein wohl einmaliger Vorgang.

U 172 (Typ IX C) hatte am 5. November 1941 für die 4. U-Flottille in Dienst gestellt und stieß dann zur 10. U-Flottille, Stützpunkt Lorient. Das Boot befand sich Ende 1943 im Nordatlantik und stand unter dem Kommando von OltzS Hermann Hoffmann. Am 13. Dezember 1943 wurde es Opfer einer »Hunter-Killer-Group« mit dem Geleitträger USS BOGUE und den Zerstörern USS GEORGE E. BADGER, DU PONT, OLEMSON und OSMOND INGRAM.
Zuerst von »Wildcats« des Trägers angegriffen, konnte das Boot sich durch Schnelltauchen entziehen, wurde dann aber nach einer 24-stündigen Wasserbombenjagd durch zwei der Zerstörer erneut an die Wasseroberfläche gezwungen und sank dann endgültig. Von der Besatzung fanden 14 Mann den Tod, der Kommandant und 45 Mann überlebten. Die Aufnahme zeigt den Kampf gegen das aufgetauchte U-Boot. Detonationsgischt rund ums Boot, in der Luft eines der angreifenden Flugzeuge.

U 175 (Typ IX C), Indienststellung am 15. Dezember 1941 für die 4. U-Flottille, endgültig der 10. U-Flottille zugeteilt, gehörte im April 1943 zu einer Gruppe von U-Booten, die gegen den Geleitzug HX 233 operieren sollten. Dieser bestand aus insgesamt 57 Handelsschiffen, die in 11 Kolonnen fuhren. Die dem Geleit zugehörige Escort-Gruppe bestand aus USCG-Kutter SPENCER, USCG-Kutter DUANE, dem Zerstörer HMCS SKEENA und den Korvetten HMCS ARVIDA und HMCS WETASKIWIN, außerdem den Korvetten HMS DIANTHUS, HMS BRYONY und HMS BERGAMOT. Am 15. April wurden einzelne U-Boote von den Sicherungsfahrzeugen geortet, am 16. April bekam USCG SPENCER Kontakt mit einem U-Boot, es war U 175. Die Wasserbombenverfolgung nahm ihren Anfang, U 175 wurde zum Auftauchen gebracht. Der Geleitzug nahm mittlerweile direkten Kurs auf Reykjavik, vier weitere britische Zerstörer stießen zu den Sicherungskräften, der Ansatz der U-Boote wurde abgebrochen, für U 175 nahte das Ende.
Die beiden Aufnahmen zeigen das aufgetauchte Boot, es scheint so angeschlagen zu sein, daß es einen halbgetauchten Eindruck vermittelt.

Nun wurden die Sieger ganz mutig, USCG SPENCER fierte ein Boot, und dieses ging längsseits des bereits nach achtern absackenden U-Bootes, um zu versuchen, es eventuell zu entern und zu erbeuten. Das schlug fehl. Die Aufnahme zeigt das von achtern an den Turm heranmanövrierende Boot.
Zwei Aufnahmen, eine Nah- und eine Ganzaufnahme des Turms und mittleren Oberdecks und des Oberdecks als ganzes. Sie vermitteln die verheerende Wirkung unter Wasser detonierender Wasserbomben, wenn sie erstens auf die richtige Tiefe eingestellt sind, zweitens nahe genug und genau genug am Zielobjekt detonieren. Die Alliierten kamen erst im Verlauf des Krieges einigermaßen dahinter, wie tief unsere Boote tauchen konnten – und waren ziemlich erstaunt. Obwohl es vorgeschriebene Höchsttauchtiefen gab, ist so manches Boot freiwillig oder auch unfreiwillig bis auf eine Tiefe um 280 m abgerutscht.

Nachdem USCG SPENCER U 175 an die Oberfläche gebombt hatte, setzte USCG DUANE zum Rammstoß an. Die Aufnahme zeigt das Vorschiff der DUANE mit Kurs auf U 175, im Kreis das Beiboot mit dem Enterkommando der SPENCER.

Inzwischen hatte die Besatzung ihr Boot verlassen. Hier eine von der SPENCER geschossene Aufnahme mit zwei Überlebenden, kurz vor dem Auffischen.

U 175 geht auf Tiefe.

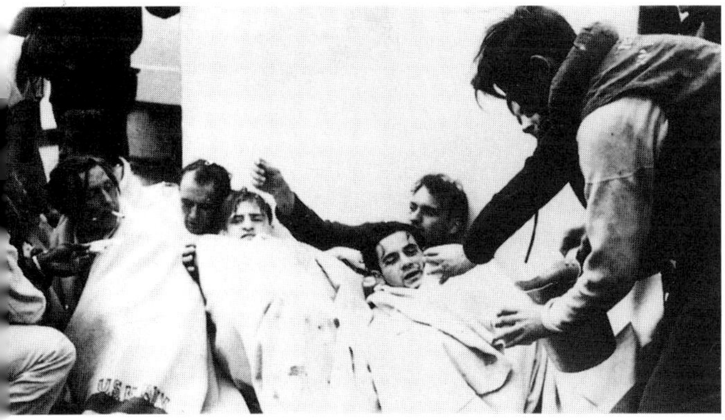

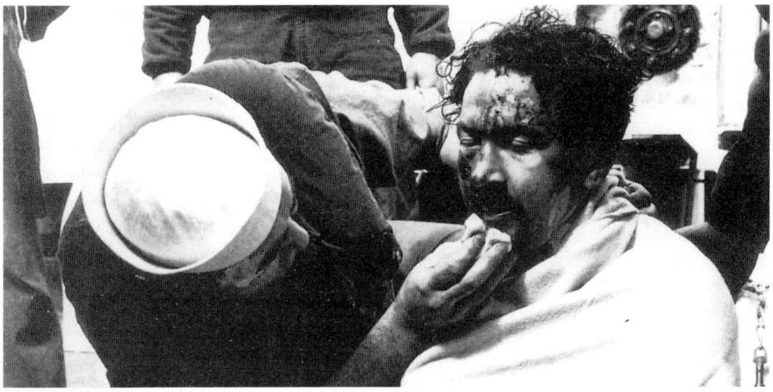

Nach dem Kampf obsiegte wieder die »Menschlichkeit«. Hier die erste Versorgung von Überlebenden an Bord der SPENCER. Mit dem Boot fanden 12 Mann den Tod, 19 wurden von der SPENCER und 22 von der DUANE gerettet.

U 185 gehörte zum Typ IX C/40, hatte am 13. Juni 1942 für die 4. U-Flottille in Dienst gestellt und gehörte dann zur 10. U-Flottille. Es stand unter dem Kommando des Kptlt Maus. Schon während der Ausfahrt und Passage der Biskaya kam es zu einem Zwischenstopp. Das Boot übernahm Überlebende des 14. Juni 1943 versenkten Bootes U 564 (nordwestlich Kap Ortegal). U 185 kehrte um zu einem Treffpunkt mit deutschen Überwasserkräften und übergab die Geretteten an den Zerstörer Z 24. Die beiden Aufnahmen zeigen den längsseits kommenden Kutter des Zerstörers zur Aufnahme der Männer.

Nur wenige Wochen später ereilte das Schicksal auch U 185. Das Boot befand sich südwestlich der Azoren auf nordwestlichem Kurs und machte 10 bis 11 Knoten Fahrt ohne zu ahnen, daß in diesem Seegebiet auch eine »Hunter-Killer-Group« mit dem Geleitträger USS CORE operierte, dessen TBF-Flugzeuge (Torpedo-Bomber-Fighter) sofort angriffen und aus etwa 75 m Höhe zwei Wasserbomben Mk 47 warfen. Beide waren Volltreffer, eine direkt in Höhe Turm unter dem Boot, die andere unter dem 8b-Bug. Das Boot war nicht zu halten und versank. Der Druckkörper war gerissen, die Batterien gasten, im Motorenraum brannte es. Besonders tragisch war, daß sich außer der Besatzung noch Überlebende des am 11. August 1943 nach schweren Schäden durch Bomben von der eigenen Besatzung versenkten Bootes U 604 befanden, die außer von U 185 auch von U 172 übernommen worden waren. Mit U 185 fanden 29 Mann den Tod. Hinzu kamen 16 Mann von U 604. Der Kommandant und 33 Mann der Besatzung (einschließlich Überlebende von U 604) wurden nach drei Stunden Treiben im Wasser von einem US-Zerstörer aufgefischt.
Die beiden Aufnahmen zeigen das todwunde Boot kurz vor dem Untergang.

Am 23. April 1943 wurde U 189 (Typ IX C/40) beim Ansatz auf ein Geleit durch Bomben vernichtet. Das Boot hatte am 15. August 1942 für die 4. U-Flottille in Dienst gestellt und gehörte dann zur 2. U-Flottille. Kommandant bei dieser ersten Feindfahrt war Kptlt Kurrer. Auf ihrem Flug zur Sicherung des Geleites HX 234 sicherte eine »Liberator« der 120. Sqdr. etwa 32 Seemeilen vom Geleitzug entfernt zwei Unterseeboote. Eines davon war U 189. Das Flugzeug griff das am nächsten laufende Boot – U 189 – sofort mit vier Wasserbomben an und bei einem zweiten Anflug fielen aus etwa 15 Metern Höhe zwei weitere. Sie besiegelten das Ende des Bootes. Totalverlust, 54 Tote.

Das Flugzeug, eine »Liberator«, das U 189 versenkte.

Diese Luftaufnahme zeigt den Untergang von U 504 (Typ IX C) am 30. Juli 1943 im Nordatlantik. Das unter dem Kommando von Kptlt Luis stehende Boot wurde Opfer einer Escort-Group mit den Sloops HMS KITE, HMS WOODPECKER, HMS WREN und HMS WILD GOOSE. Die Wasserbomben waren verheerend. Totalverlust, 53 Tote. Die Stelle der Vernichtung ist gekennzeichnet durch den weiß erscheinenden Gischtball, von diesem nach rechts oben verlaufend vermutlich das Kielwasser des Bootes, daß sich vergeblich durch Schnelltauchen den Verfolgern entziehen wollte.

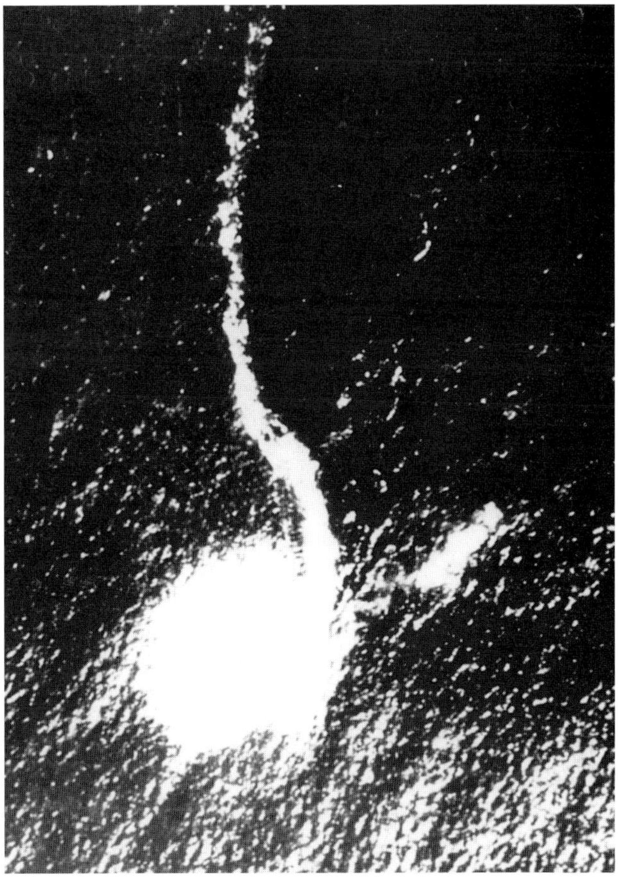

Auch dem Boot U 505 war ein besonderes Schicksal beschieden. Dieses Typ IX C-Boot stellte am 26. August 1941 für die 2. U-Flottille in Dienst. Allgemein besehen, war es kein glückliches Boot. Vielfach mußten Unternehmungen schon vorzeitig abgebrochen oder aufgegeben werden; die Gründe waren unterschiedllich.
Erster Kommandant war Kptlt Loewe, ihm folgte am 25. August 1942 OltzS Zschech. Ansätze, zu Feindfahren in See zu gehen, wurden oder mußten immer wieder aufgegeben werden. Mal waren es Ausfälle verschiedener Anlagen, mal Bomben- oder andere Schäden, die zur Rückkehr in den Stützpunkt und die Werft zwangen: 11. August 1942, 9. Juli 1943 jeweils Bombenschäden; 12. Dezember 1942, 14. Juli 1943 jeweils Rückkehr nach Lorient; 30. Juni 1943, 3. Juli 1943, 1. August 1943, 18. September 1943 jeweils Ende einer Werftinstandsetzung; 25. Dezember 1943 Auslaufen zur Feindfahrt, aber Rückkehr, da am 28. Dezember 1943 Aufnahme der Überlebenden des Torpedobootes T 25, die nach Untergang ihres Bootes etwa 13 Stunden im Wasser getrieben hatten (siehe dazu auch Koop/Schmolke: Die deutschen Zerstörer, Band 6 der Reihe »Schiffstypen und Schiffsklassen der deutschen Marine«, Bonn 1995). Auch am 14. Oktober 1943 hatte das Boot den Stützpunkt zur Feindfahrt verlassen, wurde aber erneut durch Bomben beschädigt. Dieser physischen und psychologischen Belastung war der Kommandant, OltzS Zschech offenbar nicht mehr gewachsen. Am 26. Oktober 1943 nahm er sich an Bord das Leben.
Die Aufnahme zeigt U 505 nach einem der zahlreichen Auslaufversuche, der – wie zuvor – durch Flugzeuge verhindert wurde. Klar zu erkennen die Schäden an der Oberdecksverkleidung.

Am 17. November 1943 übernahm OltzS Harald Lange das Boot als Kommandant, die Periode der Mißerfolge schien beendet. Im März 1944 lief das Boot aus zur Feindfahrt – es sollte zugleich die letzte werden. Am 4. Juli 1944 wurde U 505 im Atlantik von der unter dem Kommando des Cpt. D.V. Gallery operierenden »Hunter-Killer-Group« mit dem Geleitträger USS GUADALCANAL und den Geleitzerstörern USS PILLSBURY, USS FLAHERTY, USS POPE, USS JENKS und USS CHATELAINE gestellt und mit Wasserbomben und »Hedgehog«-Salvenwerfern zum Auftauchen gebracht. Dann geschah etwas Außergewöhnliches. Das U-Boot wurde nicht weiter beschossen. Während sich die Besatzung auf dem vorderen Deck und im Turm sammelte, näherte sich ein Beiboot, U 505 wurde geentert. Hintergrund dieses Geschehens war der Ehrgeiz des amerikanischen Verbandsführers, endlich einmal kein U-Boot zu versenken, sondern eines zu erbeuten und als Trophäe nach Hause zu bringen.
Drei der Aufnahmen zeigen Momente dieses Geschehens. Unter Sicherung von Bordflugzeugen des Trägers nähert sich das Entkommando dem bis zum Turm tief im Wasser liegenden und treibenden Boot. Im Hintergrund einer der Geleitzerstörer. Das Boot ist übernommen, die Besatzung von Bord geholt. Und doch drohte U 505 zu sinken. Die Rettung kam in Gestalt eines Mannschaftsdienstgrades eines zuvor versenkten Bootes (die gefangenen Überlebenden zuvor vernichteter U-Boote befanden sich auf dem Träger). Dieser, ein Maschinenobergefreiter, erhoffte sich wohl bessere Bedingungen in der Gefangenschaft und bot sich an, das U-Boot vor dem Sinken zu retten. Er kannte alle entsprechenden Ventile, Schieber und zugehörige Pumpen und verhinderte durch sein Eingreifen den Untergang. In mühsamer Schleppfahrt wurde U 505 eingebracht, stolz wehte das »Sternenbanner« über der Reichskriegsflagge. Auch beim Einlaufen in den U.S.-Stützpunkt lag U 505 noch immer gefährlich tief im Wasser.

U 505 nach Wiederherstellung, hier im Jahre 1945 an der Pier eines U.S.-Stützpunktes. Auf der anderen Pierseite das den USA zugesprochene Torpedoboot T 35, in Dienst als USS DD 935.

Nach ausgiebigen Inspektionen und Versuchen wurde das Boot später durch eine Sponsorengruppe angekauft und in einem langen und schwierigen Überlandtransport vor dem Museum of Science and Industry in Chicago aufgestellt. Dort befindet es sich auch heute noch als Relikt der Atlantikschlacht.
Die Erbeutung des Bootes war für die Besatzung ein Glücksfall, nur ein Mann verlor sein Leben, der Kommandant und 53 Männer gingen in Gefangenschaft.

Der Führer der »Hunter-Killer-Group« mit dem Geleitträger USS GUADALCANAL, Cpt. D.V. Gallery, und den Geleitzerstörern USS POPE, PILLSBURY, CHATELAINE und FLAHERTY hatte schon einmal versucht, ein U-Boot zu kapern. Das war U 515 (Typ IX C), Indienststellung am 21. Februar 1942 für die 4. U-Flottille, dann der 10. U-Flottille unterstellt. Das Boot stand unter dem Kommando von Kptlt Henke und gehörte mit zu den erfolgreichen. Das Boot lief am 9. April 1944 im Atlantik der dort operierenden U-Jagdgruppe in die Arme und wurde mit Wasserbomben zum Auftauchen gebracht. Die beiden Aufnahmen zeigen das hochgebombte Boot mit einem es umkreisenden Geleitzerstörer und den Turm mit dem achteren Teil des Bootskörpers. Am Turm selbst scheinen Besatzungsangehörige Deckung zu suchen.

Die Versenkung von U 515 kostete 16 Mann das Leben, 44 wurden gerettet, darunter auch der Kommandant, der hier gerade von einem der Geleitzerstörer an Bord des Geleitträgers transferiert wurde. Unter der Schwimmweste trägt er einen weißen Pullover.

Das weitere Schicksal des Kommandanten ist etwas mysteriös. Von seiten der Alliierten wurden ihm Kriegsverbrechen zur Last gelegt. Er hatte mit einem Boot am 7. Dezember 1942 den 18 713 BRT großen Truppentransporter CERAMIC torpediert und versenkt. Man warf ihm fingiert vor, daß dabei 264 Besatzungsangehörige ermordet worden wären, eine Unterstellung, die jeder Grundlage entbehrt. U 515 war nach der Torpedierung zunächst aus Sicherheitsgründen abgelaufen, kehrte aber nach etwa einer Stunde zurück und fand nur einen Überlebenden. Tatsache ist, daß zum einen nur 350 Mann an Bord gewesen waren, daß von diesen 85 Mann gerettet worden sind und daß das Schiff sich nicht nur im erklärten Kriegsgebiet befand, sondern auch noch abgeblendet und mit Zick-Zack-Kurs lief. Die Torpedierung war nach dem geltenden Recht korrekt und legal. Das Grab des posthum zum KKpt beförderten Werner Henke. Er muß unter enorm psychischen Druck gestanden haben, wurde er doch im Gefangenenlager Camp Fort George G. Meade immer wieder Verhören unterzogen. Er wurde am 15. Juni 1944 tot aufgefunden. Die Umstände bleiben fraglich. Von amerikanischer Seite hieß es »Auf der Flucht erschossen!« Den Grabstein haben die Amerikaner erst viel viel später gesetzt.

Am 22. März 1943 wurde U 524 (Typ IX C) nordwestlich Porto Santo/Madeira von einer »Fortress B-24« überrascht und versenkt. Das Boot hielt Fühlung zu dem Geleit UGS 6, kam aber nicht mehr zum Zuge. Totalverlust, 52 Tote.
Die Aufnahme zeigt U 524, am 8. Juli 1942 unter Kptlt Frhr. von Steinaecker für die 4. U-Flottille in Dienst gestellt, dann der 10. U-Flottille unterstellt, während des Angriffs. Es hatte keine Chance.

U 535 (Typ IX C/40) unter Kptlt Elmenreich wurde am 8. Juni 1943 durch eine ein Geleit sichernde »Hudson« der 269 Sqdr. mit Bomben angegriffen, konnte sich aber anfänglich durch konzentriertes Schießen der eigenen Flak und anschließendes Schnelltauchen der drohenden Vernichtung entziehen und trat beschädigt den Rückmarsch an. Das Boot hatte am 23. Dezember 1942 für die 4. U-Flottille in Dienst gestellt und gehörte im Anschluß zur 10. U-Flottille.
Die Aufnahme zeigt das mit Höchstfahrt laufende Boot während eines der Angriffe. Es sollte den Stützpunkt nicht erreichen, denn am 5. Juli 1943 wurde es bei Kap Finisterre durch eine »Liberator« der 53. Sqdr. gestellt und nach drei Wasserbombenangriffen vernichtet. Totalverlust, 55 Tote.

Die Vernichtung von U 540 (Typ IX C/40) am 17. Oktober 1943, im Bild festgehalten. Das am 10. März 1943 für die 4. U-Flottille, später 10. U-Flottille, in Dienst gestellte Boot unter Kptlt Kasch hatte nur eine kurze Dienstzeit, schon sieben Monate nach seiner Indienststellung fiel es den Bomben zweier »Liberator« zum Opfer. Die eine Maschine flog einen Angriff mit vier Wasserbomben, den zweiten mit Bordwaffen; die zwei besiegelte das Ende von U 540 mit weiteren vier Wasserbomben. Totalverlust, 55 Tote.

Am 16. April 1944 erwischte es U 550 (Typ IX C/40) unter Kptlt Hänert. Das Boot hattte am 28. Juli 1943 für die 4. U-Flottille in Dienst gestellt und gehörte dann zur 10. U-Flottille. U 540 operierte vor der Ostküste Nordamerikas, als es von den Geleitzerstörern USS GANDY, JOYCE und PETERSON gestellt wurde. Es begann eine heftige Jagd. Das Boot wurde schließlich mit Wasserbomben zum Auftauchen gezwungen und kaum an der Wasseroberfläche, entspann sich ein Feuergefecht. U 550 wurde schließlich durch USS GANDY gerammt. Die Aufnahme zeigt den durchlöcherten Turm nach dem Beschuß. Auf den beiden Plattformen sammeln sich die Überlebenden, insgesamt 12 Mann, einschließlich Kommandant, 44 Männer fielen.

U 550 sinkt, allerdings nicht durch direkte Feindeinwirkung, sondern die Besatzung hatte vor Verlassen des Bootes die Flutventile geöffnet.

Das Ende von U 801 (Typ IX C/40). Das unter Kptlt Brans fahrende und am 24. März 1943 für die 2. U-Flottille in Dienst gestellte Boot wurde am 17. März 1944 im Atlantik operierend von einer »Hunter-Killer-Group« mit dem Geleitträger USS BLOCK ISLAND, dem Zerstörer USS CORRY und den Geleitzerstörern USS THOMAS, BREEMAN, BOSTWICK und BRONSTEIN gestellt, gejagt und mit Flugzeugbomben und Wasserbomben zum Auftauchen gezwungen. Dann begann das Vernichtungswerk. Von der Besatzung fanden zehn Mann den Tod, 47 wurden gerettet.
Die Aufnahme zeigt zahlreiche Detonationen rund um das Boot, rechts der anlaufende Zerstörer USS CORRY.

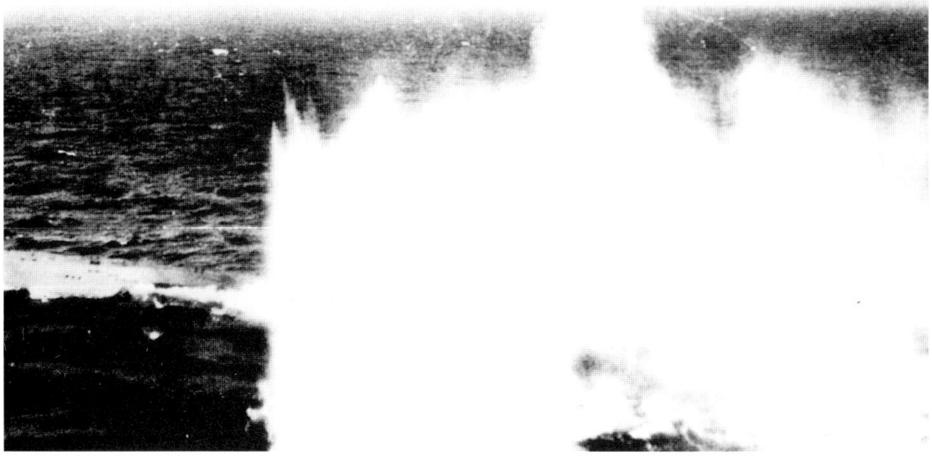

Am 9. April 1945 kam das Ende für U 804 (Typ IX C/40) unter OltzS Herbert Meyer. Das am 4. Dezember 1943 in Dienst gestellte Boot gehörte bis 1944 zur 10. U-Flottille und kam dann zur 33. U-Flottille, die eigentlich in Ostasien stationiert war. Offensichtlich war ein Marsch nach dort geplant. Daraus wurde aber nichts. Das Boot befand sind – gemeinsam mit U 1065, einem Typ VII C-Boot – auf dem Überführungsmarsch von Kiel nach Horten/Norwegen. Die Boote liefen aufgetaucht. Und dann kamen die »Mosquitos«, insgesamt 34 Stück der 143., 235. und 248. Sqdr. In dieser Phase des Krieges tummelten sich die Fliegerverbände ungehindert und in teilweise Massen über dem eigentlich von deutschen Truppen besetzten und (beherrschten) Gebiet. Die Boote hatten den Überwassermarsch gewählt, um so schnell das Seegebiet des Kattegat durchlaufen zu können. Aber dann kamen die »Mosquitos« und fielen wie ein Bienenschwarm von allen Seiten ein. Die Angriffe erfolgten mit Bordwaffen und 775-mm-Raketen, die immer mehr für Tiefangriffe zum Einsatz kamen. U 804 ging unter, Totalverlust, 55 Tote. Auch U 1065 überlebte nicht. Es konnnte sich anfangs durch Schnelltauchen der Gefahr entziehen, wurde aber dann doch erwischt – wie U 804. Die Aufnahmen zeigen verschiedene Phasen der »Mosquito«-Angriffe. Sie fliegen von allen Seiten an, gut sichtbar die Rückstoßfahnen von auf das Boot zufliegenden Raketen und die Bahnen der Einschläge der Bordwaffen.

Die Untergangsstelle von U 804 – was bleibt, ist ein Wirbel.

Am 11. Juli 1944 erwischte es U 1222 (Typ IX C/40) westlich von La Rochelle. Das unter Kptlt Bielfeld fahrende Boot hatte am 1. September 1943 für die 4. U-Flottille in Dienst gestellt und gehörte dann zur 10. U-Flottille. Es befand sich in der Biskaya auf dem Rückmarsch in den Stützpunkt, und obwohl bereits mit einem Schnorchel ausgerüstet, wurde es von einer »Sunderland« geortet und angegriffen. Zum Alarmtauchen war es zu spät, drei aus etwa 15 m geworfene Wasserbomben waren Volltreffer. Das Boot sank, Totalverlust, 56 Tote. Die Aufnahme zeigt die Wirkung der Volltreffer nahe am Turm.

Auch U 1229 (Typ IX C/40) war ein Schnorchelboot. Es hatte am 13. Januar 1944 für die 31. U-Flottille in Dienst gestellt und gehörte dann zur 10. U-Flottille. Obwohl mit Schnorchel ausgerüstet, zog es der noch unerfahrene Kommandant, KKpt Zinke, entgegen dem Rat seiner Offiziere vor, über Wasser zu fahren. Das wurde dem Boot zum Verhängnis. Es wurde von Flugzeugen des im Gebiet von Neufundland operierenden Geleitträgers USS BOGUE erkannt, durch Flugzeuge des Typs »Avenger« angegriffen und mit Bomben versenkt. Ein Tauchen erwies sich als unmöglich, durch die Bombendetonationen hatte die Batterie zu gasen begonnen. 18 Männer der Besatzung fanden den Tod. Die Nahaufnahme zeigt das waidwunde Boot. Rechts vom Turm der aufgerichtete Schnorchelmast.

Auch U 200 (Typ IX D/2), Indienststellung am 22. Dezember 1942 für die 4. U-Flottille, später der 12. U-Flottille zugehörig, wurde Opfer von Fliegerbomben. Der Kommandant war Kptlt Schonder, auch einer der erfolgreichen U-Bootkommandanten, und erfahren dazu. Er hatte U 200 als neues Boot übernommen und kurz vor dem Auslaufen äußerte er in seiner humorvollen Art »Macht's gut und denkt daran! Es gibt drei Sorten von Menschen: Die Lebenden. Die Toten. Und die, die zur See fahren.« Ob er schon Vorahnungen hatte? Am 24. Juni 1943 wurde sein Boot südwestlich Islands von einer »Catalina« der 84. Sqdr. USN mit Wasserbomben angegriffen. Sein letztes Kurzsignal an den BdU lautete »Bleibe zum Angriff oben!« – Worte, die alles sagen. Das Boot ging mit 62 Mann unter, Totalverlust.
Die Aufnahme zeigt U 200 in der einhüllenden Gischt der Detonationen.

Die Vernichtung von 848 (Typ IX D/2) unter KKpt Rollmann am 5. November 1943 südwestlich Ascension/Südatlantik. Das Boot hatte am 10. Februar 1943 für die 4. U-Flottille in Dienst gestellt und kam dann zur 12. U-Flottille. Die Insel Ascension war ein Luftwaffenstützpunkt der Alliierten, von wo aus die Flugzeuge einen wesentlichen Bereich des Südatlantik überwachten. U 848 lief diesen patroullierenden Flugzeugen in die Arme und wurde von insgesamt sechs Flugzeugen der 107. Sqdr. USAAF angegriffen: eine »Liberator«, zwei Bomber vom Typ »B-25« und vier »Mitchell B-24«. Die Angriffe waren tödlich. Die Aufnahmen zeigen sowohl die Wirkung durch Bordwaffenbeschuß als auch die der Bomben.

Nahaufnahme des U-Bootturms. Auf der Turmplattform achtern kauern zwei mit Stahlhelm und Schwimmweste versehene Männer, hinter der Turmvorkante (schwach an der weißen Mütze erkennbar) hockt der Kommandant, KKpt Wilhelm Rollmann. Von der 63-köpfigen Besatzung wurden etwa zehn Überlebende in drei Schlauchbooten von den Flugzeugen wahrgenommen. Nach etwa vier Wochen wurde ein Mann der Besatzung, in einem Schlauchboot treibend, vom Leichten Kreuzer USS MARBLEHEAD gefunden und aufgenommen. Er starb jedoch infolge völliger Erschöpfung und Auszehrung kurz darauf.

Auch U 849 ereilte das Schicksal im Seegebiet des Südatlantiks, und zwar vor der Mündung des Kongo, östlich der Insel Ascension. Das Boot gehörte ebenfalls zum Typ IX D/2 und hatte am 11. März 1943 für die 4. U-Flottille in Dienst gestellt, gehörte dann aber zur 12. U-Flottille. Kommandant war Kptlt Hein-Otto Schultze. Am 25. November 1943 fiel es Bomben einer »Liberator« der 107. Sqdr. USAAF zum Opfer. Totalverlust, 63 Tote.
Die Aufnahme zeigt das Boot in der Gischt detonierender Bomben.

Im März 1944 verläßt U 852 (Typ IX D/2), Indienststellung am 15. Juni 1943 für die 4. U-Flottille, später der 12. U-Flottille zugeteilt, Kommandant Kptlt Eck, den Stützpunkt. Auftrag: Handelskrieg im Südatlantik und Indischen Ozean. Am Abend des 13. März sichtet U 852 den für die Alliierten fahrenden griechischen 883-BRT-Frachter PELEUS. Das Schiff wird versenkt, und um zu vermeiden, daß der Gegner erkennt, daß in diesem Seegebiet ein U-Boot operiert, werden die aufschwimmenden Wrackteile und Rettungsflöße durch Handwaffenbeschuß zum Sinken gebracht. In der Meinung, daß damit alle Spuren beseitigt sind, verläßt U 852 nach fünf Stunden die Versenkungsstelle und nimmt Kurs auf den Indischen Ozean. Es gibt Überlebende der 35-köpfigen Besatzung des Dampfers: den Ersten Offizier und den Zweiten Offizier und zwei Matrosen. Den Zweiten Offizier hat der Kommandant, Kptlt Eck noch vernommen. Auf den verbliebenen zwei Flößen gab es auch ausreichend Wasser und Notproviant. 25 Tage nach der Versenkung stirbt der Zweite Offizier, und nach 38 Tagen werden die restlichen drei Männer gerettet. Das rettende Schiff nimmt auch das von Kugeln durchsiebte Floß an Bord. Diese Vorgänge führten nach dem Krieg zu einem – aus heutiger Sicht fragwürdigen Prozeß wegen Kriegsverbrechen. Dieser begann am 17. Oktober 1945 im Hamburger Curio-Haus. Der durchaus sachlich und wohl auch objektiv geführte Prozeß war dennoch ein »Siegertribunal«. Die Angeklagten, von links Kptlt Eck, der IIWO, LtzS Hoffmann, Oberstabsarzt Dr. Weißpfennig, LI, Kptlt(Ing) Lenz und OGfr. Schwender. Der Kommandant und Dr. Weißpfennig und der IIWO wurden zum Tode verurteilt und erschossen. Genau betrachtet, hatte dieser Prozeß einen ganz anderen Hintergrund. Man wollte damit – vorbereitend gewissermaßen – Beweise erhalten, daß der eigentlich Schuldige der BdU, Großadmiral Dönitz, war, der mit anderen hohen Militärs, Politikern und auch Parteigrößen auf den allzubekannten Prozeß vor dem Internationalen Tribunal in Nürnberg wartete. Man wollte ihm mit diesem Prozeß unter anderem nachweisen, daß er aufgrund erlassener Befehle an die U-Boote gegen das Völkerrecht verstoßen hatte und zu Recht als Kriegsverbrecher angeklagt wurde.

Der Stein des Anstoßes, die PELEUS.

Die Gräber der verurteilten »Kriegsverbrecher« auf dem Hamburg-Ohlsdorfer Friedhof.

Damit endet die Geschichte von U 852 noch nicht. Am 3. Mai 1944 wurde das Boot von Flugzeugen der südafrikanischen Luftwaffe angegriffen und so schwer beschädigt, daß der Kommandant es auf Strand setzte, um auf diese Weise das Leben seiner Männer zu retten. Die Besatzung erreichte die Küste, wurde aber weiter aus der Luft beschossen. Sieben Mann verloren dabei ihr Leben.
Die beiden Aufnahmen zeigen das gestrandete und gesprengte Wrack von U 852.
Um dieses unselige Vorkommnis abzuschließen – es war kein Einzelfall, nur daß die folgenden zwei Beispiele Maßnahmen ähnlicher Art bringen, die auf das Konto der »Sieger« gehen. Wohlgemerkt, es ist keine Aufrechnung, sondern eine Feststellung, daß doch oft mit zweierlei Maß gemessen wird – wo doch alle Menschen vor dem Gesetz gleich sind, oder?
Fall 1: Am 26. Januar 1943 versenkt das amerikanische U-Boot USS WAHOO unter anderem den Transporter BUYO MARU (5447 BRT). Durch das Sehrohr werden etwas später Tausende im Wasser schwimmende japanische Schiffbrüchige gesichtet. Der Kommandant des U-Bootes läßt auftauchen und alle Waffen besetzen, gibt Feuererlaubnis und innerhalb der folgenden Stunde wird ein wahres Blutbad unter den Schwimmenden angerichtet. Dieses Massaker wird sogar im Kriegstagebuch genau verzeichnet. Von seiten der Vorgesetzten wurde keinerlei Kritik oder ähnliches geübt. Man schrieb das Verhalten des Kommandanten auf seine Wut über den Überfall der Japaner auf Pearl Harbour im Dezember 1941 zu. Tatsächlich war es ja wohl ein Kriegsverbrechen, oder?
Fall 2: Am 9. Juli 1941 entdeckte das britische U-Boot HMS TORBAY im Küstengebiet von Kreta ein Schlauchboot mit sieben deutschen Gebirgsjägern. Es waren Schiffbrüchige. Obwohl sie unbewaffnet waren, ließ der Kommandant sie erschießen. Begründung dafür war, daß er damit verhindern wollte, daß bei Rettung der Soldaten bekannt würde, daß in dem Seegebiet ein U-Boot operierte. Der Kommandant kam später zu hohen Ehren und wurde ausgezeichnet. Sein letzter Dienstgrad in der Royal Navy war Konteradmiral. Auch dieses war letztendlich ein Kriegsverbrechen.
Es gibt mehr dieser Fälle, aber diese beiden Beispiele mögen genügen.

Drei Aufnahmen von der Vernichtung des Unterseebootes U 118 (Typ X B), Indienststellung am 6. Dezember 1941. Das Boot gehörte mit Indienststellung zur 4. U-Flottille, endgültig zur 10. U-Flottille. Die Boote des Tpys X waren als Minenunterseeboote konzipiert, erkennbar an dem aus der Oberdecksverkleidung vor dem Turm etwas herausragenden Aufbau, den Minenschächten. Das Boot unter dem Kommandanten Kkpt Czygan wurde am 12. Juni 1943 im Atlantik südwestlich der Azoren von Flugzeugen des Geleitträgers USS BOGUE mit Bomben und Bordwaffen angegriffen und versenkt. 44 Mann der Besatzung fanden den Tod. Auf der ersten Aufnahme ist im eingesetzten Kreis eine herabtaumelnde Wasserbombe zu erkennen, und am Turm suchen zwei Mann der Besatzung vergeblich Deckung. Da die Amerikaner mit insgesamt acht Flugzeugen und folglich von allen Seiten angriffen, war dieses ein sinnloses Unterfangen. Die zweite Aufnahme zeigt die Wirkung der Bordwaffen, die dritte schließlich eines der Flugzeuge, vermutlich über der Untergangsstelle. Beachte die noch sichtbaren Kielwasserstreifen des Bootes, daß sich den Angriffen mit Hartruderlagen zu entziehen versuchte.

Das Ende von U 119 (Typ X B) am 24. Juni 1943 nahe Cap Ortegal. Das am 2. April 1942 in Dienst gestellte Boot gehörte anfangs zur 4., dann zur 12. U-Flottille und stand unter dem Kommando von Kptlt von Kamenke. Es lief nach zwei Angriffen einer »Sunderland«, die das Boot an die Oberfläche zwangen, der Escort-Gruppe des Capt. Walker in die Arme und wurde von der Sloop HMS STARLING durch Rammen versenkt. Totalverlust, 57 Tote.
Hartruderlagen und Drehkreisfahrten nutzten nichts.

Am 24. Juli 1943 fiel U 459 nordwestlich Spanien Bomben zum Opfer. U 459 gehörte zum Typ XIV und hatte am 15. November 1941 für die 4. U-Flottille in Dienst gestellt, um dann zur 10., später 12. U-Flottille zu stoßen. Es war ein U-Versorger, das heißt, die Boote dieses Typs waren speziell für die Versorgung der U-Boote in weitabgelegenen Operationsgebieten konzipiert, um deren Standzeit in See zu verlängern. Sie führten außer Brennstoff auch Torpedos und Ersatzteile wichtiger Art mit. Ihr Nachteil war, daß sie – obwohl mit ausreichend Flak versehen – angesichts ihrer Größe und Funktion recht schwerfällig waren, insbesondere was die Tauchzeit betrifft. Hinzu kommt, daß mit zunehmender Dichte der Luftüberwachung die Gefährdung wuchs, denn die Versorgung der einzelnen Boote konnte nur im aufgetauchten Zustand vorgenommen werden. Das Boot stand unter dem Kommando des KKpt von Wilamowitz-Moellendorf, ein alter »Haudegen«. Er gehörte zur Crew C 12, war am 7. November 1893 geboren, hatte bereits im Ersten Weltkrieg U-Boot gefahren und meldete sich bei Ausbruch des Zweiten Weltkrieges erneut zur Marine, Übernahme als Korvettenkapitän zur Verfügung (KKpt z.V.).
Am 24. Juli 1943 wurde sein Boot von einer »Wellington« der 172. Sqdr. angegriffen, die ihrerseits mit heftigem Flak-Feuer von U 459 beschossen wurde. Das Feuer lag gut, die Maschine wurde getroffen und stürzt ab; aber nicht ins Wasser, sondern – gewollt oder unabsichtlich – auf das Boot. Damit war auch das Schicksal von U 459 besiegelt. Es war nicht mehr tauchfähig. Zwar konnten noch zwei Wasserbomben von der Besatzung über Bord gerollt werden, aber dann erschien eine weitere »Wellington«, diese von der 547. Sqdr., warf weitere Wasserbomben, so daß das Boot versank. 20 Mann überlebten und wurden später vom polnischen Zerstörer ORKAN aus dem Wasser gefischt.
Das Foto zeigt U 459 vor dem Untergang. Die Besatzung sammelt sich an Oberdeck, klar zum Aussteigen.

Die Überlebenden von U 459 in Einmannschlauchbooten oder mit Schwimmwesten im Wasser.

Dramatische Aufnahmen über die Vernichtung von drei U-Booten: U 504 (siehe Seite 107, oben). Es waren drei Boote, die im Überwassermarsch die Biskaya durchfahren wollten, um sich bei angreifenden Flugzeugen gegenseitig zu decken. Sie kamen nur bis nordwestlich Kap Ortegal, als sie von einer »Sunderland« der 461. RAAF-Sqdr. angegriffen wurden. Anfangs konnten sie sich des Angriffs noch mit kombiniertem Flak-Feuer einigermaßen erwehren, doch dann kamen eine »Halifax« und eine amerikanische »Liberator« hinzu, und das war zu viel.
U 461 und U 462 waren vom Typ XIV, also Versorger, und hatten am 30. Januar resp. 5. März 1942 für die 4. U-Flottille in Dienst gestellt. Beide Boote unterstanden der 10., später 12. U-Flottille. Kommandant von U 461 war KKpt Stiebler, von U 462 OltzS Vowe.
U 461 wurde mit sieben Wasserbomben vernichtet, Totalverlust, 54 Tote. U 462 fiel ebenfalls den Bomben zum Opfer und sank. Immerhin konnte die Masse der Besatzung gerettet werden, es gab nur drei Tote. Die am 30. Juli 1943 geschossenen Aufnahmen zeigen die drei über Wasser laufenden Boote beim Versuch, sich gegenseitig der Luftangriffe zu erwehren. Bei einem Boot Detonationswolken.

Die im Wasser im Pulk treibenden Männer von U 462, die durch eine an der Vernichtung des dritten Bootes, U 504, beteiligte Sloop aufgenommen wird.

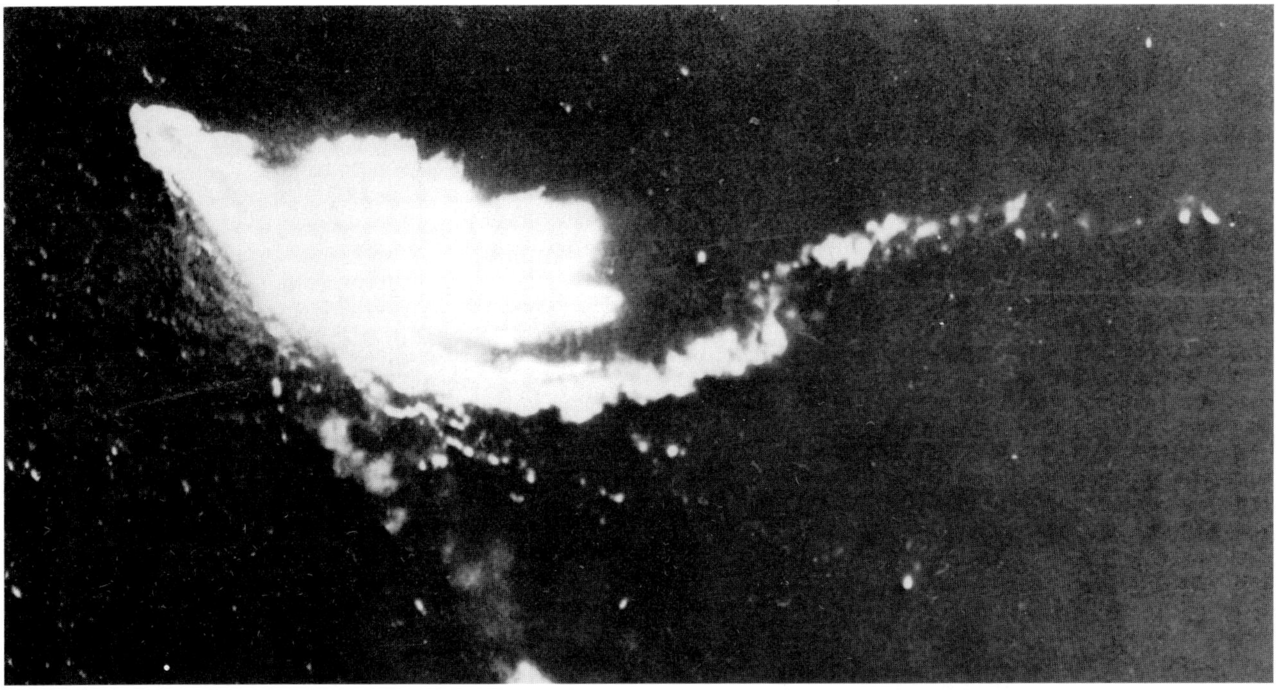

Auch dieses Foto gehört dazu. Es zeigt den Angriff eines der Flugzeuge, hier der »Halifax« der 502. Sqdr. auf U 462, dessen Umrisse knapp unter der Wasseroberfläche zu erkennen sind. Der Versuch des Schnelltauchens war vergeblich.

Auch U 463 unter Kkpt Wolfbauer gehörte zum Typ XIV. Es hatte am 2. April 1942 für die 4. U-Flottille in Dienst gestellt und gehörte, wie die Schwesterboote, dann zur 10., endgültig zur 12. U-Flottille. Das Boot wurde am 15. Mai 1943 südwestlich der Scilly-Inseln durch eine »Halifax« der 58. Sqdr. gestellt, mit Bomben belegt und ging verloren. Totalverlust, 56 Tote.
Die Aufnahme zeigt die tödliche Wirkung der Bomben am Boot.

Über das Heck steil in die Tiefe gehend U 463. Nur die Bugspitze ragt noch aus dem Wasser.

Am 12. Juni 1944 wurde U 490 im Atlantik, nordwestlich der Azoren, Opfer der »Hunter-Killer-Group« mit dem Geleitträger USS CROATAN und der Geleitzerstörer USS FROST, USS INCH und USS HUSE. Das Boot war eingepeilt worden und wurde nach Einkreisung mit ganzen Serien von Wasserbomben zum Auftauchen gebracht. Auch U 490 gehörte zum Typ XIV und hatte am 27. März 1943 für die 4. U-Flottille in Dienst gestellt, um dann zur 12. U-Flottille abgestellt zu werden. Kommandant war OltzS Wilhelm Gerlach. Nicht mehr tauch- und schwimmfähig, versank U 490 in den Fluten, ein Mann war gefallen. Die Besatzung wurde vom Geleitträger aufgenommen, ein Teil vom Geleitzerstörer USS INCH.
Die Jagd auf das Boot hatte mehr als zwölf Stunden gewährt, mehr als 300 Wasserbomben wurden geworfen, U 490 war unfreiwillig bis auf 280 m Tiefe getaucht. Es nützte alles nichts. Die Aufnahme entstand auf dem Geleitträger USS CROATAN. Die Besatzung von U 490 hat sich auf einem der Aufzüge vom Hangardeck zum Flugdeck versammelt und »singt!« – Galgenhumor oder Glückseligkeit über die Rettung? Zugleich aber auch ein Zeichen über die ungebrochene Moral der U-Boot-Männer und dafür, daß der »Geist stimmte« – noch immer!
Die in der heutigen Bundeswehr in zahlreichen Vorschriften und anderen Publikationen so hoch gepriesene »Innere Führung« wurde in der damaligen Kriegsmarine, insbesondere bei der U-Boot-Waffe und bei den anderen Verbänden, bereits praktiziert. Ein Beispiel dafür ist wohl der Vortrag des mit dem Ritterkreuz mit Eichenlaub, Schwertern und Brillanten ausgezeichneten FKpt Wolfgang Lüth über »Menschenführung« auf einer Befehlshabertagung der Kriegsmarine. Dieser wurde daraufhin zur Pflichtlektüre aller angehenden Offiziere. Lüth wußte, wovon er sprach. Er war Kommandant von U 9 mit fünf Feindfahrten, U 138 mit zwei Feindfahrten, U 43 mit fünf Feindfahrten und U 181 mit zwei Feindfahrten, davon eine Fernfahrt nach Ostasien und zurück. Er versenkte insgesamt 43 Schiffe mit 225 713 BRT. Zuletzt als Kommandeur der Marineschule Mürwik fiel er am 14. Mai 1945 irrtümlich dem Schuß eines Streifenpostens zum Opfer.

Die Besatzung von U 490 beim Essen an Bord von USS CROATAN.

Nicht ganz so günstig fiel die Rettung der Männer aus, die von USS INCH gerettet wurden; hier sind sie an Bord zu sehen.

Ein Teil der geretteten deutschen U-Boot-Fahrer an Deck von USS INCH.

Die nachfolgenden 13 Aufnahmen zeigen Angriffe auf U-Boote bzw. deren Vernichtung. Eine Identifizierung der betroffenen Boote war nicht möglich.

Ein Foto aus den frühen Tagen der Atlantikschlacht. In einer englischen Kriegsillustrierten vom 17. Mai 1940 erschienen, zeigt es ein in norwegischen Gewässern zum Auftauchen gebrachtes Boot. Das Boot ist im Sinken begriffen, die Männer der Besatzung schwimmen auf eines der Gegnerschiffe zu und werden an Bord gezogen. Auf der Plattform des U-Bootturms ist noch ein Mann zu sehen. Im Hintergrund ein britischer Zerstörer.

Nahaufnahme eines mit hoher Fahrt in stürmischer See laufenden U-Bootes, vermutlich ein Boot des Typs IX. Der Turm ist besetzt, die FlaWaffen nicht. So ist nicht erkennbar, ob das Boot Angriffen zu entkommen versucht. An der Vorderkante des Turms sitzen Sensoren des FuMO 29.

Ein angeschlagenes Boot im über das Heck sinkenden Zustand. An der Wasseroberfläche noch Einschläge von Bordwaffen.

Der Untergang eines Bootes nach Bomben einer »Liberator«. Rechts noch die Detonationsstelle einer Wasserbombe, links die aus dem Wasser ragende Bugspitze des versinkenden Bootes.

Ein verfolgtes Boot, das an die Wasseroberfläche gebombt in eine Wolke von Gischt gehüllt ist.

Hier wird ein Boot von einer angreifenden »Whitley« zum Sinken gebracht. Links ist die Antennenspreize am Heck erkennbar, nur der Turm ist noch sichtbar. Das Boot wird vorlastig auf Tiefe gehen. Es war nicht immer einfach für die Piloten der angreifenden Flugzeuge, festzustellen, welches Boot Ziel ihrer Angriffe war, und ob sie einen Versenkungserfolg erzielt hatten. So gingen sie schließlich dazu über, die Angriffe zu fotografieren (rechts ist ein Teil des Fadenkreuzes der Bordkamera zu sehen). Schließlich ging es auch um die Anerkennung des Erfolges. Ähnlich wurde bei den Jagdfliegern verfahren oder bei den Panzerknackern. Ein Erfolg mußte stets bezeugt werden. So war es auch bei der Flak, deren Ringe um die Rohre von Abschüssen zeugten. Es gibt viele dieser Beispiele. Um welches Boot es sich schließlich handelte, ergaben spätere Vernehmungen von Geretteten oder aufgefangene Funksprüche mit Hilfe von Peilsendern oder ähnlichem.

Auch hier eine Luftaufnahme eines »verwundeten« Bootes, daß noch versucht, mit hoher Fahrt zu entkommen.

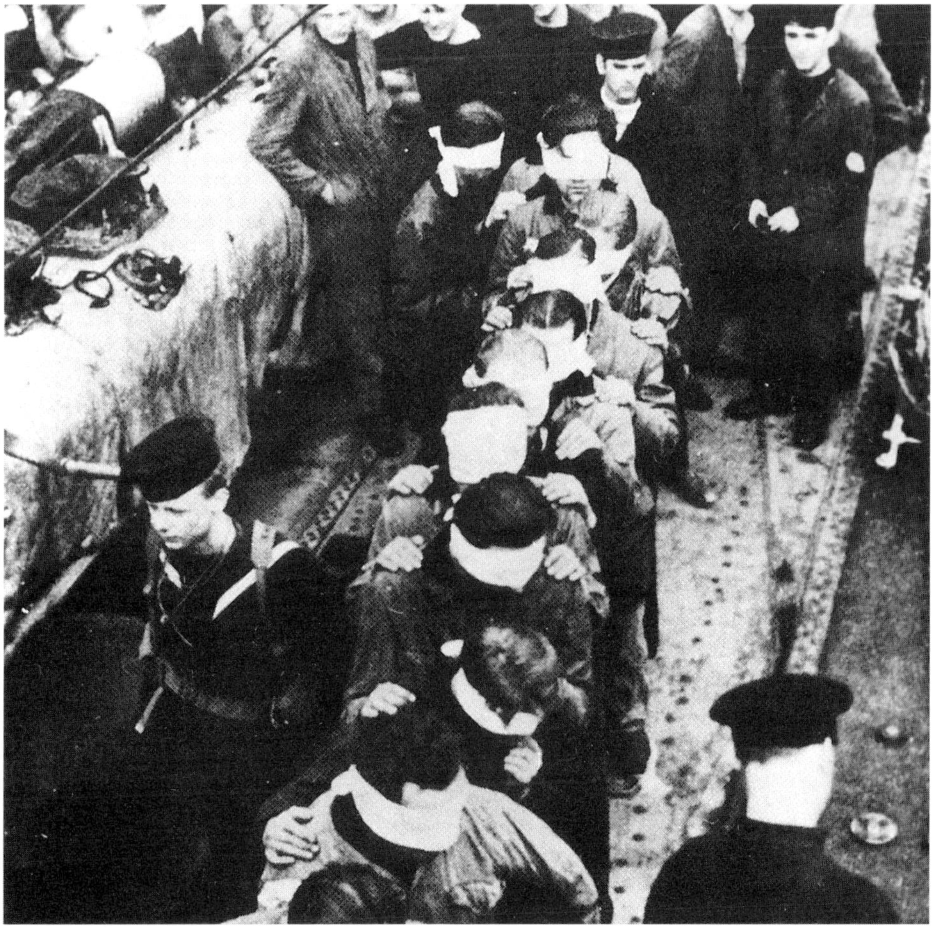

Überlebende eines versenkten U-Bootes an Bord eines britischen Kriegsschiffes. Den Männern wurden – das war immer und stets der Fall – die Augen verbunden (aus Sicherheitsgründen, damit sie nicht wußten, wo sie waren und nichts in ihrer Umgebung registrieren konnten), und jeweils mit den Händen auf den Schultern des Vordermannes ging es unter Deck. Ähnlich wurde auch mit den Geretteten der BISMARCK und SCHARNHORST verfahren – eine etwas eigentümliche Sitte.

Die Untergangsstelle eines U-Bootes, es blieb ein großer weißer Kreis aus Schaum der Detonationen.

Auch dieses Foto zeigt ein hochgebombtes Boot in rauher See. im Vordergrund das Heck eines der Verfolger. Beachte die Racks für die Wasserbomben mit ihren Ablaufbühnen. Eine dieser »Teufelsdinger« ist noch zu sehen. Offenbar verläßt die Besatzung das Boot. Auf dem vorderen Teil steht ein Mann.

Vernichtung eines U-Bootes während der alliierten Landung in Nordafrika (Marokko und Algerien, Operation »Torch« am 7./8. November 1942). Im Zuge der Abwehr wurden gegen die alliierten Landungsverbände auch U-Boote angesetzt. Dieses lief einem britischen Zerstörer in die Quere und wurde von diesem versenkt. Die Aufnahme zeigt das sinkende Boot. Nur das Heck ragt noch ein wenig aus dem Wasser, links davon die im Mittelmeer treibende Besatzung.

Auch dieses Boot wurde Opfer der gezielten Angriffe einer »Whitley«. Wie zu sehen, liegen die Bombeneinschläge sehr genau. Ab Bildoberrand ist ein Rad des Flugzeuges erkennbar.

Kriegsende 1945 und Selbstvernichtung

Mit dem 5. Mai 1945 schwiegen im nordwestdeutschen Raum, Norwegen und Dänemark, aber auch auf den noch besetzt verbliebenen Gebieten und Inseln der Niederlande die Waffen. Hier hatten die deutschen Streitkräfte gegen den britischen Feldmarschall Montgomery kapituliert. Am 7. und in Wiederholung am 8. Mai 1945 folgte dann die Gesamtkapitulation der deutschen Wehrmacht.

Eine der Auflagen der Kapitulationsbedingungen (verhandelt wurde kaum, es galt nach wie vor das »Unconditional Surrender« = Bedingungslose Kapitulation) war die unversehrte Übergabe von noch vorhandenem Kriegsgerät. Dieses sollte in seiner Gesamtheit übergeben werden, und zwar voll gebrauchs- und verwendungsfähig. Dazu zählten naturgemäß alle Kriegsfahrzeuge, folglich auch die Unterseeboote. Mit dieser Maßnahme waren viele U-Boot-Kommandanten nicht einverstanden und so wurden auf das Stichwort »Regenbogen«, das auf verschlungenen Wegen weitergegeben wurde (nicht per Funk, das war nun verboten), zahlreiche Boote in den deutschen Buchten, Häfen und küstennahen Gewässern selbstversenkt – trotz Androhung harter Strafen von seiten der Siegermächte. In den Tagen vom 3. bis 9. Mai sanken insgesamt 215 Boote durch eigene Hand – erstmals hatten die U-Boot-Männer einem Befehl ihres BdU nicht gehorcht.

Die Aufnahme zeigt U-Boot-Männer nach dem Verlassen ihres selbstversenkten Bootes beim Jonglieren über eine beschädigte Holzbrücke. Ihre Habseligkeiten führen sie mit.

Zwei Aufnahmen aus dem Umfeld der Flensburger Förde, wo in der Geltinger Bucht zahlreiche Boote ihr nasses Grab fanden. Mit allen möglichen Hilfsmitteln strebten die Männer dem Ufer zu, mit Hilfe kleiner Boote und auch huckepack.

Die massenhafte Selbstversenkung und Selbstzerstörung der Unterseeboote überraschte die Siegermächte, insbesondere die Briten, da diese Maßnahme ihr späteres Besatzungsgebiet betraf. Trotz in den Kapitulationsurkunden angedrohter Strafe bei Nichtbefolgung der Auflagen passierte nichts. Nur der Leitende Ingenieur eines der Walter-Versuchsboote des Tpys XVII (U 1406) wurde aufgrund der Versenkung seines Bootes in Cuxhaven in Haft genommen, vor Gericht gestellt und verurteilt – kam aber bald wieder frei.
Die Luftaufnahme vom 7. Mai 1945, geschossen von einem Aufklärer der 541 Sqdr., zeigt Wilhelmshaven. In der Mitte die unvollendete IV. Einfahrt. In der noch durch einen Damm gesperrten Westkammer liegen seeseitig (Pfeil) die dort vor dem Einmarsch der Alliierten selbstversenkten U-Boote.

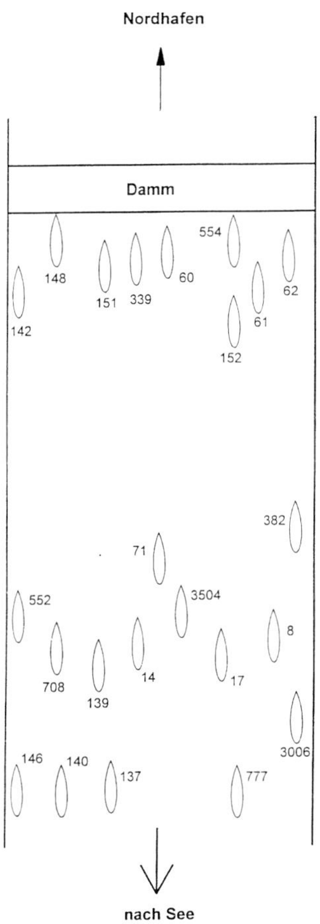

Wilhelmshaven, IV. Einfahrt
(Raeder-Schleuse):
Die versenkten und gesprengten Boote
in der noch unvollendeten Westkammer.
Siehe hierzu die nachfolgenden Abb.

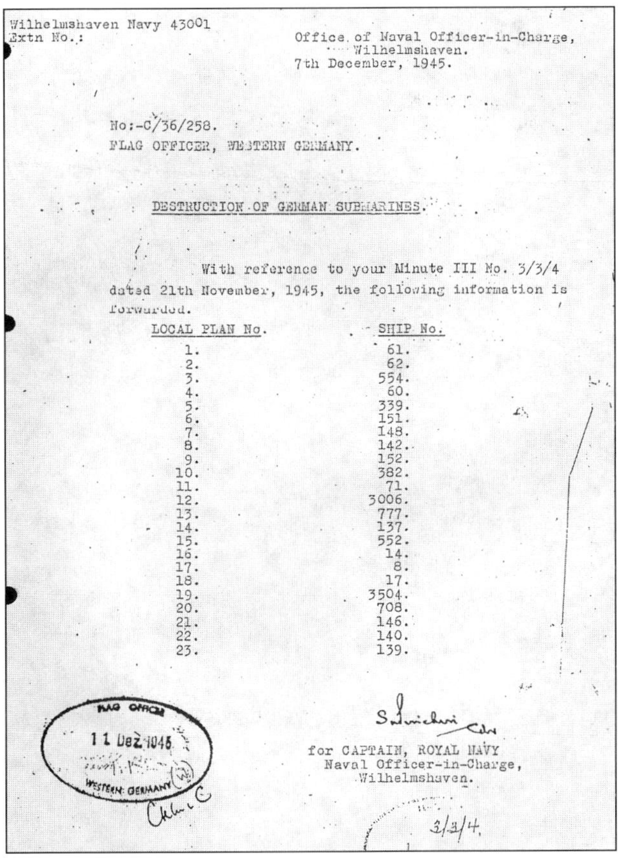

Wilhelmshaven Navy 43001
Extn No.:

Office of Naval Officer-in-Charge,
Wilhelmshaven.
7th December, 1945.

No:-C/36/258.
FLAG OFFICER, WESTERN GERMANY.

DESTRUCTION OF GERMAN SUBMARINES.

With reference to your Minute III No. 3/3/4 dated 21th November, 1945, the following information is forwarded.

LOCAL PLAN No.	SHIP No.
1.	61.
2.	62.
3.	554.
4.	60.
5.	339.
6.	151.
7.	148.
8.	142.
9.	152.
10.	382.
11.	71.
12.	3006.
13.	777.
14.	137.
15.	552.
16.	14.
17.	8.
18.	17.
19.	3504.
20.	708.
21.	146.
22.	140.
23.	139.

FLAG OFFICER
11 Dez 1945
WESTERN GERMANY

for CAPTAIN, ROYAL NAVY
Naval Officer-in-Charge,
Wilhelmshaven.

3/3/4

Wilhelmshaven 1945. Dieses Bild bot sich den Briten in der Westkammer der IV. Einfahrt (Raeder-Schleuse): ein Haufen selbstversenkter und gesprengter Unterseeboote aller Typen. Es waren insgesamt 23 Stück. Siehe hierzu das Deckblatt des Berichtes des Naval Officers in Charge vom 7. Dezember 1945 mit nachgezeichnetem Liegeplatz der einzelnen Boote. Anstelle der »Local Plan No.« ist die jeweilige »Ship No.« angeführt.
Die weiteren Aufnahmen stammen aus der Sammlung des Fotografen der ehemaligen Kriegsmarinewerft, nun Naval Yard Wilhelmshaven. Er mußte auf Befehl der neuen Herren alles die Kriegsmarine, Werft und Schiffe Betreffende fotografieren. Die Aufnahmen waren abzuliefern. Da er jedoch stets eine zweite und auch dritte Kamera (ohne Wissen der Briten) mitführte, gelang es ihm unter der gebotenen Vorsicht, alles mehrfach aufzunehmen und der Ablieferung zu entziehen.
Die Fotos sind nur eine Auswahl aus Dutzenden von Aufnahmen, die Wiedergabe aller würde den Rahmen sprengen. Auf einigen Abbildungen erkennt man Teile der achteren Aufbauten des in der Ostkammer der Schleuse liegende Schweren Kreuzers PRINZ EUGEN. Dieser verließ Wilhelmshaven Mitte Dezember 1945. Folglich entstanden die Fotos im November/Dezember dieses Jahres.
Nach der britischen Auflistung – zugleich offizielle Quelle – wurden selbstversenkt: Typ II = U 8, U 14, U 17, U 60, U 62, U 137, U 139, U 140, U 142, U 146, U 148, U 151, U 152; Typ VII = U 71, U 552, U 339, U 554, U 708, U 382, U 777; Typ XXI = U 3006, U 3504. Im Widerspruch zu deutschen Quellen fehlt U 141 (Typ II) und das Boot U 777 (Typ VII) erscheint fragwürdig, wurde dieses doch am Liegeplatz B 5 der Kriegsmarinewerft am 15. Oktober 1944 Opfer eines Bombenangriffs. Es kann sein, daß es gehoben und im Zuge der Selbstversenkungen in die IV. Einfahrt verbracht wurde. Das aber ist höchst fragwürdig.
Die einzelnen Aufnahmen wurden zu verschiedenen Zeiten gemacht und zeigen die Wracks sowohl bei Flut als auch bei Ebbe. Ihre Selbstzerstörung erfolgte nicht vor dem 4. Mai 1945.

Ab etwa 1946 wurden die Wracks durch von den Siegermächten limitierten Firmen nach und nach gehoben und auf den Piers der IV. Einfahrt und an verschiedenen Stellen des Hafens abgewrackt. Der Schrott ging nach England. Die beiden Aufnahmen zeigen die Bergung eines Typ II-Bootes.

Der achtere Bootskörper eines Typ VII-Bootes auf der Pier.

Ein Typ II-Boot streckt seinen Bug aus dem Wasser.

Der Bug eines Typ II-Bootes wird zerlegt. Deutlich sind die im Bug sitzenden Torpedorohrklappen sichtbar.

Bei diesem Boot haben die Sprengmittel ziemliche Schäden hervorgerufen.

Bootsteile auf der Pier und nach der Hebung.

Das Heck eines Bootes am Haken. Gut erkennbar das Doppelruder, die beiden Schrauben und die achteren Seitenruder.

Auch in anderen Hafengebieten wurden Wracks beseitigt. Hier der Teil eines Typ VII-Bootes.

Bergung eines U-Bootwracks im ehemaligen U-Boot-Stützpunkt. Vermutlich handelt es sich um U 96 (?).

Zum Zerlegen der Wracks wurde jede Menge Sauerstoff und Azetylen benötigt. Die zahlreichen Flaschen deuten darauf hin.

Die Geschichte der Selbstversenkungen wäre damit abgeschlossen, aber es ist wohl interessant, sich mit dem Ende zweier weiterer Boote zu befassen. Eines war U 349, ein Typ VII C-Boot, in Dienst gestellt am 8. September 1943 und nacheinander der 22., 23. und 31. U-Flottille zugehörig. Das unter dem Kommando von OltzS Dähne stehende Boot wurde am 5. Mai 1945 in der Geltinger Bucht mit weiteren 30 Booten selbstversenkt.
Wie es um den Geist der U-Boot-Männer – auch noch zu diesem Zeitpunkt – bestellt war, davon zeugt das Geschehen um die Selbstversenkung. Zur Besatzung gehörte auch ein in Pommern beheimateter Obermaschinist. Dieser verweigerte alles Zureden und auch Befehle, das Boot – sein Boot – zu verlassen. Er verabschiedete sich von der übrigen Besatzung mit den Worten »Der Krieg ist aus. Ich bleibe an Bord. Ich habe der Sache treu und ergeben gedient. In mir zerbricht mehr als eine Weltanschauung. Meine Eltern haben die Russen erschlagen. Ich bleibe.« Dann stieg er wieder ins Boot, schloß das Turmluk, kurz darauf detonierten die angeschlagenen Sprengladungen.

Und da war U 287. In vielen Publikationen wird immer wieder angeführt, das Boot sei am 16. Mai 1945 in der Elbmündung auf eine Mine gelaufen und gesunken, vier Tote.
Das ist absolut falsch! U 287 war in der Tat das letzte Boot der U-Bootwaffe, daß sich selbstversenkte. Gebaut auf der Werft des Bremer Vulkan wurde es bei einem Luftangriff am 18. März 1943 auf Helling beschädigt und kippte um. Wieder hergestellt, wurde es am 22. September 1943 für die 24. U-Flottille in Dienst gestellt und fuhr als Schulboot in der Ostsee. Kommandant war OltzS Heinrich Meyer. Am 31. Januar 1945 erfolgte die Verlegung von Gotenhafen aus über Swinemünde, Stettin und Kiel nach Hamburg in die Howaldtswerke, um dort nach Ausrüstung mit einem Schnorchel zum Frontboot hergerichtet zu werden. Das Boot gehörte nun zur 31. U-Flottille. Nach Abschluß der Werfterprobungen wurden die Seesäcke in Kiel in einer Last verstaut, U 287 absolvierte bei Bornholm die »Agru Front«, marschierte zurück nach Kiel, das am 14. April, morgens um 0010 Uhr verlassen wurde. Kurs Kattegat. Der Marsch erfolgte gemeinsam mit → U 977. Aufgrund starker Luftüberwachung wurde bis Fredrikshavn getaucht gefahren. Dort kam ein zusätzliches Funkgerät an Bord. Es ging weiter nach Horten, wo Torpedos übernommen wurden, darunter zehn LUT. Dann erfolgte die Verlegung nach Drontheim zur 13. U-Flottille. Nach kurzem Aufenthalt dort auslaufen zur Feindfahrt, Ziel: Irische See. Am 6. Mai 1945 wurde in Höhe North Ronaldsay – Fair Isle kurz aufgetaucht, um unverständliche Befehle des BdU besser zu empfangen. Das Boot wurde eingepeilt und am 6. und 7. Mai für etwa sechs bis sieben Stunden mit Wasserbomben gejagt. Das Tiefenmanometer wurde abgeschaltet, die Asdic-Impulse waren wie Erbsenschütten hörbar. Das Boot muß auf Grund gelegen haben, Farbe platzte ab.
Nachdem der Kommandant aufgrund der empfangenen Befehle den Übergabebefehl bekannt gegeben hatte, entstanden unter der Besatzung heiße Diskussionen: Vor Drontheim langes Gespräch mit einem Wachbootkommandanten, der auf ein Einlaufen nach dort und der Übergabe an die Royal Navy bestand. Die Besatzung tendierte für Heimatkurs. So ging es weiter Richtung Elbe. Bei Helgoland wurden die Torpedorohre freigeschossen, dann mogelte sich U 287 in die Elbe, um am Abend des 16. Mai auf Höhe Altenbruch nach Zünden angebrachter Zeitzünder im Bugteil des Bootes sein Ende zu finden. Die Besatzung setzte sich größtenteils mit einem Beiboot zur linken Elbuferseite ab, der kleinere Teil zum rechten Ufer. Am 17. Mai waren alle wieder beieinander und marschierten als Zug einer »Marinekraftfahrabteilung« nach Cuxhaven. Man gab sich als Teil der Brigade Cuxhaven unter KptzS Sorge aus, Ziel war der Internierungsraum Freiburg/Unterelbe. Am 7. Juni 1945 wurden alle per Lkw nach Cuxhaven in die Fischhalle 9 gebracht. Es begannen ausgedehnte Vernehmungen, denn die Selbstversenkung verstieß gegen die Kapitulationsbestimmungen. Rauhe, rüpelhafte Behandlung. Das ging bis Mitte Juli 1945. Der Kommandant wurde schließlich aus dem Gefängnis in Aurich entlassen, die Besatzung lief auseinander.

Festmachen der Boote an der Seydlitzbrücke des Großen Hafens. Im Hintergrund die Kaiser-Wilhelm-Brücke, links der Schornstein der Südzentrale der Kriegsmarinewerft. Auf der Pier zahlreiche Zuschauer, britische Soldaten und Seeleute, die hier erstmals die so gefürchteten »Grauen Wölfe« zu Gesicht bekommen.

⇦ Wilhelmshaven, 13. Mai 1945, III. Einfahrt (Tirpitz-Schleuse): Einlaufen der nach Wilhelmshaven als Sammelpunkt befohlenen Boote.

Nachdem alle Boote festgemacht hatten, mußten die Besatzungen von Bord. Hier verlassen sie unter Bewachung ihre bisherige »Heimat«.

⇦ Boot auf Boot macht fest. Rechts eine der schwerbewaffneten Gruppen der Siegermacht in Erwartung weiterer Befehle. Hier ist es U 883 vom Typ IX D/42, Indienststellung am 27. März 1945 für die 4. U-Flottille. Das unter dem Kommandanten OltzS Uebel fahrende Boot kam nie mehr zum Einsatz. Die Überführungsfahrt von Bremerhaven nach Norwegen wurde aufgrund der inzwischen vollzogenen Kapitulation abgebrochen, das Boot nach Wilhelmshaven dirigiert. Auffällig die eingezogene Oberdecksverkleidung. Sie sollte die Tauchzeit verkürzen. (Seite 162 oben)

Nicht Scham war es, daß sich die Besatzungen abwandten. Sie wollten auf diese Weise zeigen, daß sie nicht bereit waren, das Fotografieren von »Siegerbildern« zu unterstützen. (Seite 162 unten)

Kurz darauf hieß es »Herumschließen«, und in alter gewohnter Manier versammelten sich die Männer zur Belehrung.

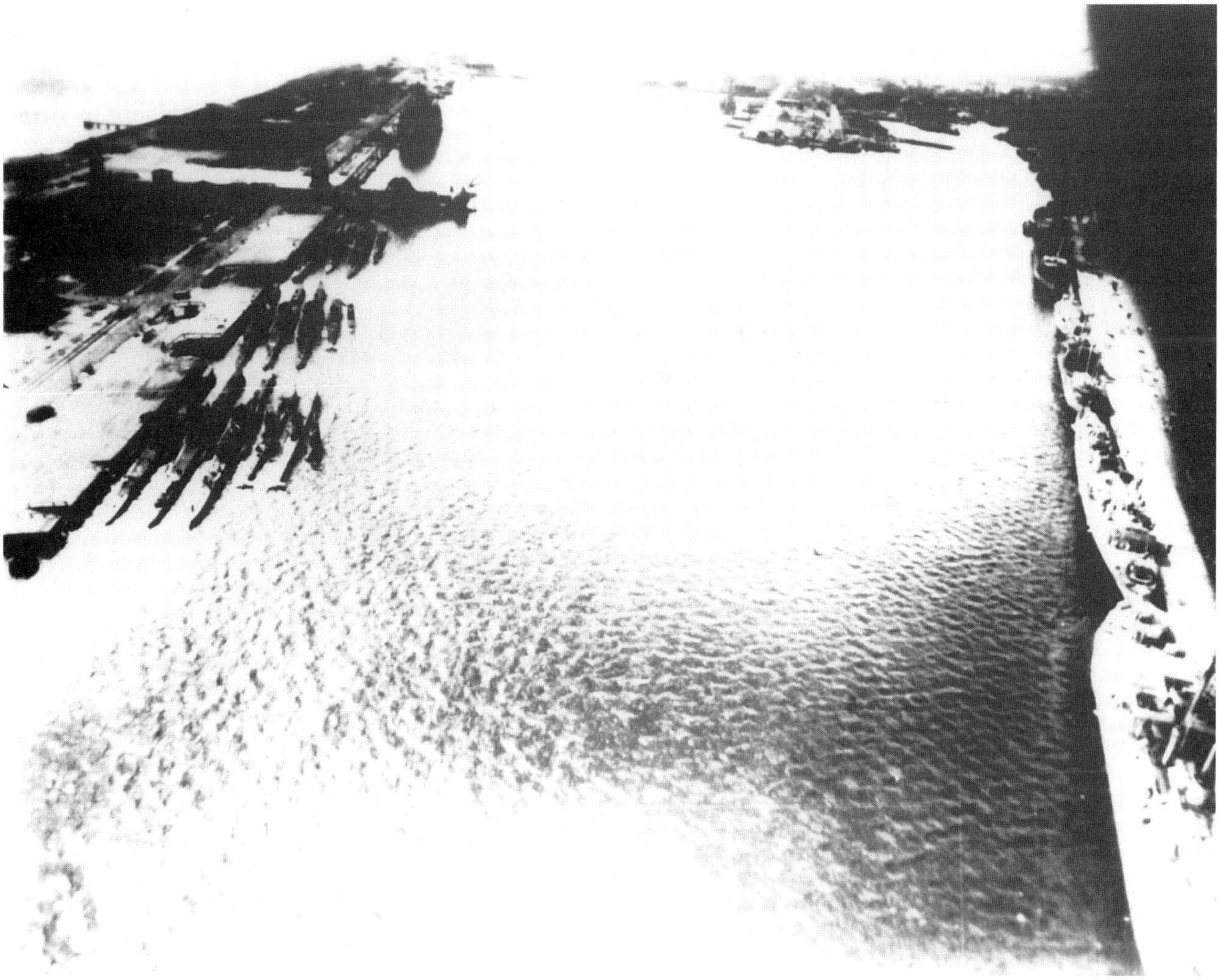

Die in Wilhelmshaven versammelten U-Boote in Päckchen an der Seydlitz-Brücke liegend. Eine Luftaufnahme aus dieser Zeit. Hinter den U-Booten die ins Wasser ragende Brücke der Marinefliegerstation, dahinter das ausgebrannte Wrack des Wohnschiffes MONTE PASCOAL. Rechts am Bonte-Kai unter den dort liegenden Fahrzeugen das Kanonenboot K 3. Im Hintergrund die Wiesbadenbrücke.
Von Wilhelmshaven aus machten sich die dort befindlichen Boote in mehreren Törns auf den Weg nach ihren Bestimmungshäfen: Am 21. Juni 1945 U 883, U 2336, U 2341, U 2356, U 3008, U 2351; am 22. Juni U 806; am 23. Juni U 368, U 1103; am 24. Juni U 291, U 680, U 720, U 779, U 1110, U 1194, U 1198, U 1230, U 1233 und am 30. Juni U 143, U 145, U 149, U 150, U 739 und U 155.

⇦ Während die Besatzungen durch den Eichenlaubträger KKpt Bleichrodt belehrt wurden – aufmerksam von einem am Poller lehnenden Wächter beäugt – wurden die Boote von den zuvor auf der Pier stehenden britischen Soldaten gründlich durchsucht.

»Ein Bild der Schande!« Zu den Auflagen der diktierten Kapitulationsbedingungen gehörte auch der Befehl der Siegermächte, daß sich alle zu ergebenden Unterseeboote nicht nur aufgetaucht den vorbestimmten Anlaufhäfen zu nähern hätten, sondern sie mußten zusätzlich anstelle der Reichskriegsflagge eine »Schwarze Flagge« setzen, seit Urzeiten das Zeichen der Piraten. Diese Anordnung wurde, wenn auch widerwillig, von den meisten Kommandanten befolgt. Dies war sehr diskriminierend. Diesen Befehl damit zu begründen, daß man inzwischen die großen Verbrechen des deutschen Volkes entdeckt habe, war fadenscheinig. U 249 (Typ VII C), Indienststellung am 20. November 1943 für die 5. U-Flottille unter Kptlt Kock, war das erste deutsche U-Boot, das sich ergab und am 9. Mai 1945 in Portland einlief. Beachte die schwarze Flagge am ausgefahrenen Luftzielsehrohrmast.

U 249 wird von einem bewaffneten Trawler empfangen, im Hintergrund ein Fregatte.

Die Besatzung von U 249 unter strenger Bewachung an Oberdeck versammelt.

Der Kommandant und seine Offiziere müssen sich abgesondert von der Besatzung aufstellen.

Die Besatzung geht von Bord.

Nachdem U 249 gründlich durchsucht worden war, verließ es den Hafen von Weymouth, um in einer den römischen Triumphzügen der Antike ähnelnden Fahrt der Bevölkerung vorgeführt zu werden. Die beiden Aufnahmen zeigen das Boot auf der Themse in London. U 249 erhielt kurzzeitig noch die Kennung N86, wurde nach Loch Ryan überführt und bei der Operation »Deadlight« versenkt. ➪

Aufgrund besonderer Abmachungen wurde U 977 den USA übergeben. Die Aufnahme zeigt das Boot, nun mit aufgemalter Bootsnummer, auf dem Marsch nach einem amerikanischen Stützpunkt.

Nach umfangreichen Erprobungen und Versuchen wurde U 977 schließlich am 13. November 1946 bei Cape Code mit einem Torpedo von USS ATULE versenkt. Die Aufnahme zeigt die Vernichtung.

U 1305 (Typ VII C/41), Indienststellung am 13. September 1944 für die 4. U-Flottille und der 33. U-Flottille unterstellt, ergab sich am 12. Mai 1945 im Nordkanal. Das Boot stand unter dem Kommando von OltzS Helmut Christiansen. Die Aufnahme zeigt das Boot, streng bewacht von einem britischen Geleitfahrzeug, dessen Waffen auf U 1305 gerichtet sind.

Überwacht von einem Flugzeug und begleitet von HMS LOWESTOFT wird U 1305 nach Loch Eriboll geleitet, wo ein Enterkommando übersteigt. Das Boot wurde im November der Sowjetunion zugesprochen und fuhr für deren Marine mit der Kennung S 84. (Siehe auch Abbildung Seite 172 oben.)

Wie U 977 dachte auch der Kommandant des Bootes U 530, OltzS Wermuth, der Gefangenschaft zu entgehen. Er lief mit seinem Boot vom Typ IX C/40 ebenfalls den argentinischen Stützpunkt Mar del Plata an, wo das Boot am 10. Juli 1945 an die Kette gelegt wurde. U 530 hatte am 14. Oktober 1942 in Dienst gestellt und gehörte nacheinander zur 4., 10. und 33. U-Flottille. Nach Auslieferung an die USA wurde es am 28. November 1947 bei Cape Code mit Torpedo versenkt.

Am 10. Mai 1945 kapitulierte U 532, eines der großen Boote des Typs IX C/40, Indienststellung am 11. November 1942 für die 4. U-Flottille, dann 2., später 33. U-Flottille. U 532 kam, beladen mit Rohkautschuk und anderen wertvollen, in Deutschland nicht vorhandenen aber dringend benötigten Rohstoffen, aus Ostasien, wo es am 13. Januar 1945 den Stützpunkt Batavia verlassen hatte. Kommandant war FKpt Junker. Auf dem Rückmarsch von der Kapitulation überrascht, lief U 532 den Hafen von Liverpool an.
Die Aufnahme zeigt die Meldung des Kommandanten nach dem Festmachen in Liverpool an den großen Gegenspieler des BdU, Admiral Sir Max Kennedy Horton K.C.B., D.S.O., Commander in Chief der »Western Approaches«. Nicht alle Kommandanten verhielten sich so, es gab zahlreiche von größeren Einheiten und U-Booten, die zuvor ihr Fahrzeug offiziell außer Dienst stellten und sich damit dieser Zeremonie entzogen. Sie überließen dann einem der Offiziere die Prozedur der Übergabe usw.

Im Anschluß betrat Adm Horton das Boot, um es eingehend und interessiert zu besichtigen.

Inspektion der Brücke mit ihren verschiedenen Einrichtungen. Gut erkennbar u.a. Naxos, UZO und das Gehäuse der FuMO-Antenne.

U 532 wird entladen, die wertvollen Güter haben den Besitzer gewechselt.

Das Boot wurde im Anschluß verholt und der Liverpooler Bevölkerung als Trophäe vorgeführt. Hier verläßt es das Gladstone-Dock. Der Liverpooler Presse war es eine willkommene Gelegenheit, das Ereignis mit einer Broschüre »Souvenir of the arrival at Liverpool of the surrendered German Submarine U 532« zu würdigen.
Später verlegte U 532 – wie die meisten Boote – nach Loch Ryan.

Luftaufnahme des am 14. Mai 1945 Gibraltar ansteuernden U 541 unter Kptlt Petersen, hier bereits mit dem über der Reichskriegsflagge wehenden »White Ensign« (nicht überall wurde die geforderte »Schwarze Flagge« gesetzt). U 541 gehörte zum Typ IX C/41 und hatte am 24. März 1943 in Dienst gestellt. Es gehörte anfangs zur 4. U-Flottille, später zur 10. und zuletzt zur 33. U-Flottille.

Manche U-Boote zogen es vor, sich gegenüber den Amerikanern zu ergeben und hofften, damit ein besseres Los gezogen zu haben. Welch ein Trugschluß. Bei einigen lief das ja ganz glimpflich ab, aber andere kamen »vom Regen in die Traufe«. Hier kapituliert U 858 am 14. Mai 1945 gegenüber der U.S. Navy. Überwacht von Zeppelinen, sogenannten »Blimps«, die auch zur U-Jagd verwendet wurden, und im Geleit eines Schleppers der U.S. Navy läuft das Boot unter Kptlt Thilo Bode den Hafen von Portland an. U 858 war vom Typ IX C und hatte am 30. September 1943 für die 4. U-Flottille in Dienst gestellt; es gehörte zur 33. U-Flottille.

Am 11. Mai 1945 kapitulierte das unter Kptlt Friedrich Steinhoff fahrende Typ IX D/2-Boot U 873 gegenüber der U.S. Navy. Das am 1. März 1944 für die 4. U-Flottille in Dienst gestellte Boot gehörte zur 33. U-Flottille. Die Fla-Ausrüstung – gut erkennbar - bestand aus der 3,7-cm-Flak M 42 und 2 x 2-cm-Flak. Die Aufnahme zeigt das Boot am 16. Mai 1945 einlaufend Portsmouth/USA. Zum Geleit gehörte der Geleitzerstörer USS FRENCH/der 367.

Die Besatzung kam – wie üblich – in ein Gefangenenlager, der Kommandant und die Offiziere mußten erstmal mit einem Gefängnis vorlieb nehmen. Diese entwürdigende Behandlung brachte den Kommandanten dazu, sich dort am 19. Mai 1945 durch Öffnen der Pulsadern selbst zu töten. Das Boot wurde später bei Versuchen mit Torpedoschuß versenkt.

Auslieferung und Überführung der Unterseeboote nach Großbritannien und ihr Ende

U 1009 einlaufend Lisahally. Dahinter HMS BYRON (K 508), eine Fregatte. Beachte die wehende »Schwarze Flagge«, die zu dieser Zeit wohl schon aus Trotz oder Galgenhumor von seiten der deutschen Restbesatzungen gesetzt wurde.

Sammelpunkt Lisahally mit dort versammelten Unterseebooten. Siehe → Skizze.

LISAHALLY: Liegeplätze ausgelieferter deutscher Unterseeboote. Stand 6. Juni 1945 (nach Imperial War Museum A29241)

Die Liegeplätze an der Pier sind mit 1-16 beziffert. Die Boote zählen jeweils von außen zur Pier.

1	=	U 2328, ?, ?
2	=	?, ?, ?
3	=	?, ?, ?
5	=	U 875
7	=	Typ VII, Typ VII, U 541
8	=	Typ VII, Typ VII, U 485, U 802
9	=	U 992 (?), U 481, U 997 (?), U 968, U 294
10	=	U 1108, U 1231, U 295 (?), Typ VII, Typ VII
11	=	U 2326, U1022, U 1105, U 826, U 293
12	=	Typ VII, U 901, U 278, U 1058, U 1109
13	=	Typ VII, U 244 (?), U 764 (?), U 516, U 255 (?)
14	=	U 930 (?), Typ VII, U 992 (?), Typ VII, Typ VII
15	=	Fünf Boote Typ VII
16	=	UD 5, U 874

Es kamen hinzu: U 883, U 2351, U 2341, U 2357, U 2502, U 2506 U 23.., U 25.., U 3515

Am 6.6.1945 lagen insgesamt 55 U-Boote in Lisahally: 37 Typ VII, 7 Typ IX, 8 Typ XXI, 2 Typ XXIII UD 5

Später wurden nach Loch Ryan überführt:

U 249, U 255, U 293, U 295, U 312, U 313, U 318, U 427, U481, U 485, U 716, U 826, U 956, U 968, U 992, U 997, U 1009, U 637, U 2328

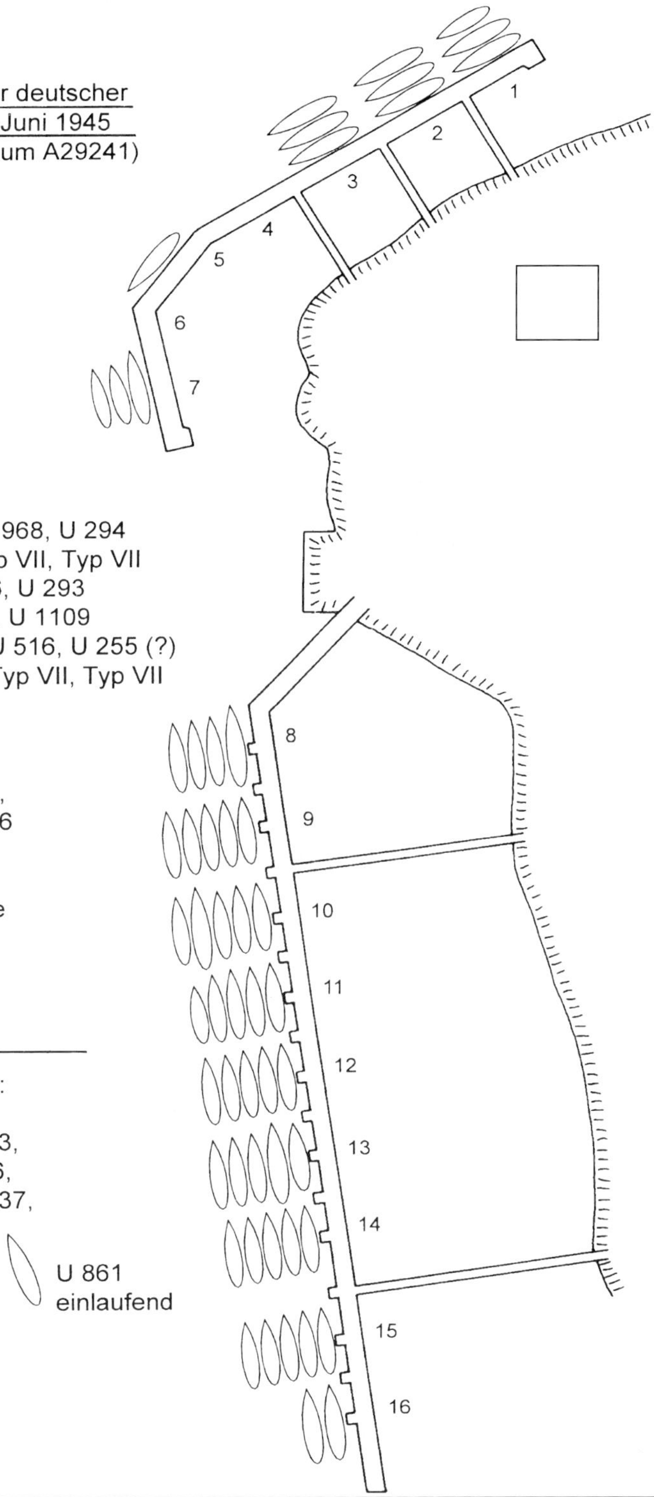

Der Lageplan ist Ergänzung zur Abb. Seite ■

Warten auf das Ende. Die einzelnen Boote wurden bis auf Ausnahmen, das heißt, eine Reihe von Booten aller Typen wurden an die USA, die Sowjetunion, an Frankreich, Norwegen usw. abgegeben, alle anderen in freier See versammelt und im konzentrischen Feuer von Kriegsschiffen aller Typen versenkt. Offenbar sind hier bereits zahlreiche Boote für diesen Akt zusammengeführt. Gut zu erkennen die auf Befehl der Siegermächte auf die Turmumrandung aufgemalten U-Boot-Nummern.

Heimatfront: Der alliierte Luftkrieg gegen Häfen und Werften

Kieler Förde im Mai 1945, Blick auf das rechts verlaufende Hindenburg-Ufer. Im Wasser zahlreiche Schiffe und Boote, Opfer der letzten großen Bombenangriffe auf die Stadt und die Werften sowie vor der Kapitulation selbstversenkte Einheiten. Links die am 3. April 1945 infolge Bombentreffer gekenterte NEW YORK, ein ehemaliges Passagierschiff von 21 455 BRT, das ab 1940 der Kriegsmarine als Wohnschiff diente. Rechts in unmittelbarer Nähe die aus dem Wasser ragenden Wracks von zwei Booten des Typs XXI – selbstversenkt. Im Hintergrund die Werftanlagen der Deutsche Werke, Kiel, ganz links die Howaldtswerke Kiel mit dem ins Wasser ragenden Klotz = U-Boot-Bunker »Kilian«.

Deschimag = AG.Weser. Hier das Dock V nach dem großen Angriff im März 1945. Im Dock die umgekippten Boote U 3034 und U 3036 vom Typ XXI.

Deschimag = AG.Weser im Mai 1945 nach der Kapitulation. Auf den Helgen eine ganze Reihe von Typ XXI-Booten, etwa zweieinhalb Monate vor der Fertigstellung. Ganz links die beiden mit Stallagen umgebenen Schiffskörper der ebenfalls unvollendet gebliebenen Zerstörer Z 46 und Z 47.

Deschimag = AG-Weser am 12. Mai 1945. Die Helgen mit den Typ XXI-Neubauten aus anderer Sicht.

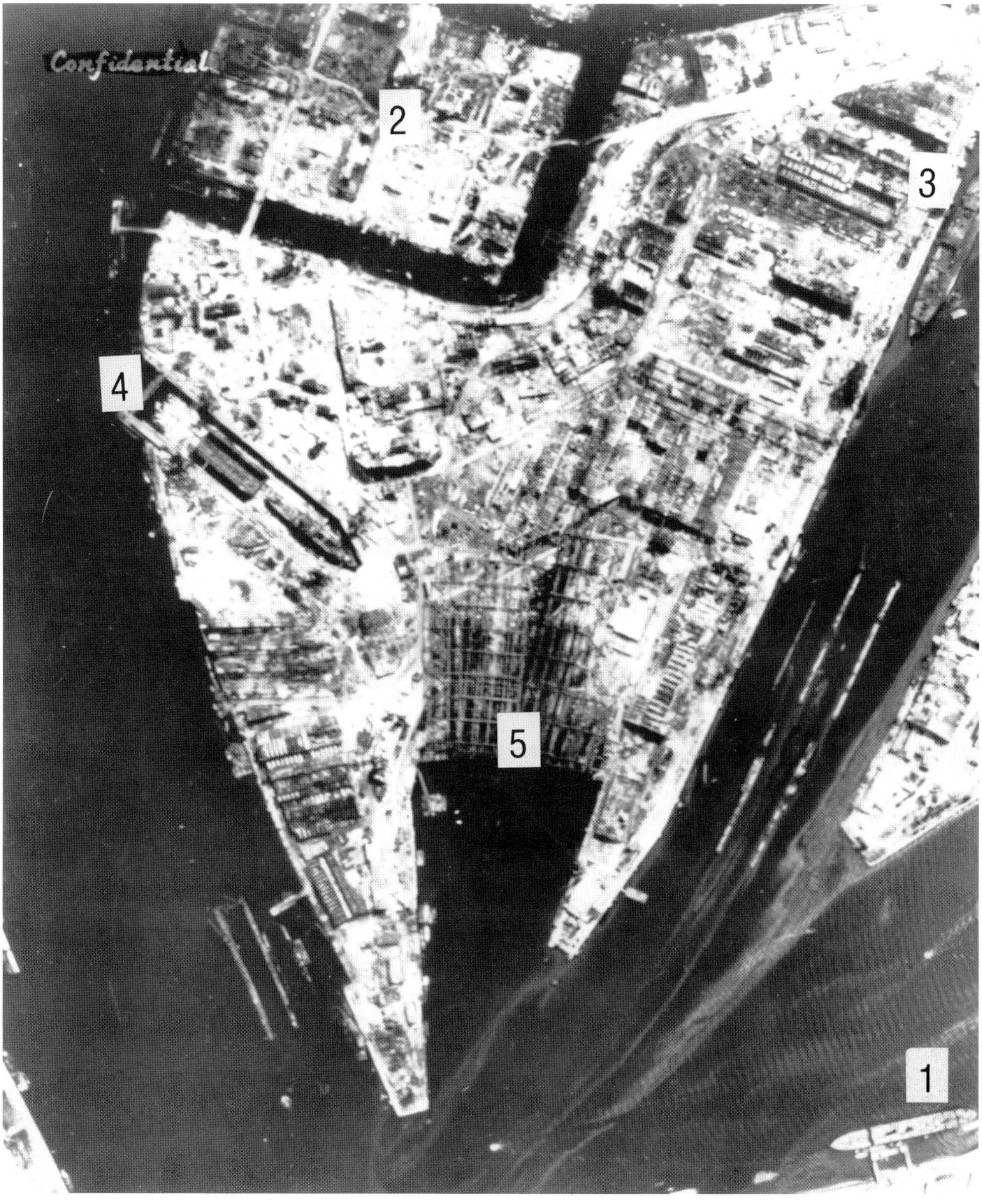

Luftaufnahme von Blohm & Voß, Hamburg vom 29. Mai 1945.
1 = Veendam 2 = Stülckenwerft 3 = VATERLAND 4 = Trockendock Elbe 17 5 = Helgen mit Bootskörpern Typ XXI

Blohm & Voß, Hamburg, im Mai 1945: Die Wracks der beiden Walter-Boote U 1408 und U 1409 des Typs XVII.

Blohm & Voß, Hamburg, im Mai 1945: Blick auf die Helgen mit unvollendeten Booten der Typs XXI.

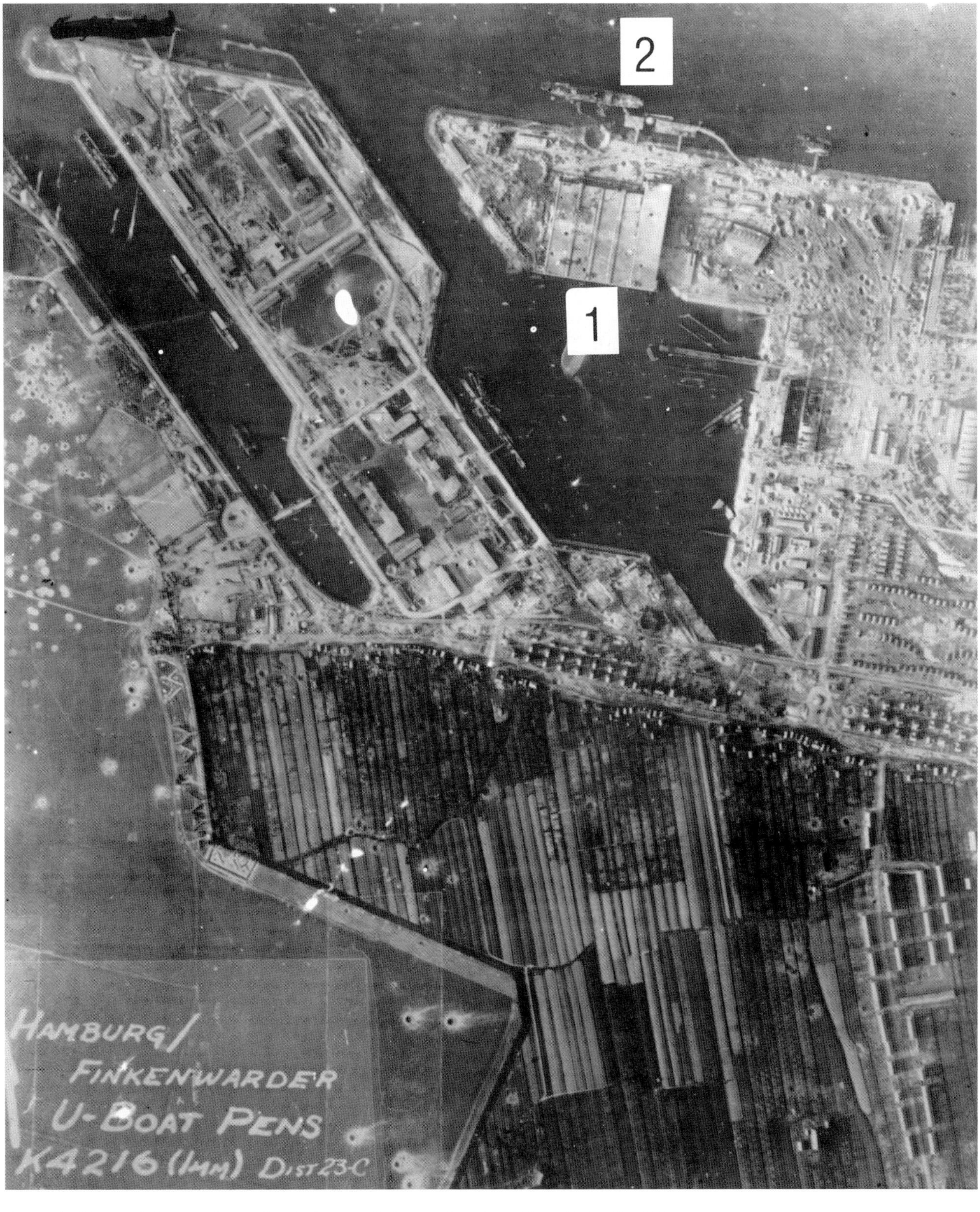

Deutsche Werft, Finkenwerder, Luftaufnahme nach dem großen Angriff am 9. April 1945:
1 = U-Boot-Bunker »Fink 2«   2 = Passagierschiff

Blick auf den U-Boot-Bunker »Fink 2«, einer nach dem Krieg gemachte Aufnahme. Hinter dem Bunker, an der elbseitigen Pier liegend, ein Passagierschiff.
Zu dem Passagierschiff einige Anmerkungen. Der Verfasser, bis April 1945 zur Besatzung von U 287 gehörend, befand sich in den letzten Wochen des Krieges – bis zum mit Gefangenschaft endenden Landeinsatz Anfang Mai 1945 – in diesem Bereich und hat gerade die letzten großen Luftangriffe unmittelbar miterlebt.
Bereits im April näherten sich die alliierten Heeresverbände dem Großraum Hamburg, ihre Artillerie bezog Stellungen an der Peripherie und begann mit Störfeuer – auch auf den Raum um Finkenwerder. Vermutlich standen die Geschütze irgendwo in den Harburger Bergen, und ein vorgeschobener Artilleriebeobachter nutzte die beiden hohen Schornsteine des Schiffes, die bei Flut noch höher ragten, als lohnendes Hilfsziel. Das Feuer lag ziemlich gut. Schließlich bekamen das auch die unsrigen mit. Die Schornsteine wurden abgebrannt, ab dann gab es nur noch ungenaues Störfeuer.

Luftaufnahme Deutsche Werft, Finkenwerder, vom 11. Mai 1945. Unten rechts der U-Boot-Bunker »Fink 2«, rechts und links im Stichpier zum Teil selbstversenkte aber auch durch Bombeneinwirkung vernichtete U-Boote. Am 30. März 1945 hatten 530 Bomber des Typs »B-17« der 8.USAF einen gezielten Angriff auf die im Raum Hamburg befindlichen Werften geflogen.

Confidential

Blick in die Box 5 aus zwei unterschiedlichen Perspektiven mit durch die Bombenwirkung umgekippten U-Booten des Typs VII C. Unter den Opfern des Angriffes befand sich auch Kptlt Mannesmann, Kommandant von U 2502.

Deutsche Werft, Finkenwerder. Zerstörte Typ VII C-Boote nach dem Angriff vom 30. März 1945: U 348 und U 1131.

Deutsche Werke Kiel, Bauhafen (ehemals Kaiserliche Werft Kiel). Im Hintergrund der gekenterte Schwere Kreuzer ADMIRAL SCHEER, links der beiden Trockendocks der U-Boot-Bunker »Konrad«, im linken Dock das Wrack des Minenschiffes BRUMMER, im rechten die gesunkenen U-Boote U 2516 und U 1227.

2
1
4

Howaldtswerke, Hamburg. Aufklärungsfoto vom 22. März 1945.

1 = Die Helgen der Werft

2 = Wrack VATERLAND. Die VATERLAND, ein geplantes Passagierschiff von 41 000 BRT, war am 24. August 1940 bei Blohm & Voß vom Stapel gelaufen, wurde aber aufgrund des Krieges als Hulk aufgelegt und nicht weitergebaut. Am 27. Juli 1943 durch Bomben schwer beschädigt, war es ausgebrannt und wurde nach dem Kriege abgewrackt.

3 = Die Fertigungshallen der Maschinenfabrik Augsburg-Nürnberg (MAN) am Hachmannkai im Roßhafen.

4 = VEENDAM, ein niederländisches Passagierschiff, 1940 von der Kriegsmarine beschlagnahmt und ab 1941 Wohnschiff in Gotenhafen, endgültig Hamburg. Das 15 450 BRT vermessende Schiff lag am Pier des Torpedoarsenals Tollerort und diente den Besatzungen der in der Werfgt liegenden Boote als Unterkunft. Das Schiff war schon mehrfach bei Luftangriffen beschädigt worden und nicht mehr fahrbereit. Der Verfasser aus eigenem Erleben: Damals noch Besatzungmitglied von U 287, das bei den Howaldtswerken den Schnorchel eingebaut bekam, rannten wir fast jede Nacht im Galopp von der VEENDAM zum Bunker. Dieses war eigentlich eine verbunkerte Torpedoregelstelle, weder druck- noch gasdicht. Seitlich mit einer großen auf Rollen laufenden Tür verschlossen, die ihrerseits durch eine Schutzmauer gesichert wurde. In diesem Bunker zu sitzen, war ein unangenehmes Befühl, bebte er doch bei den Bombenexplosionen erheblich. Die Tür, besser das Tor atmete und bei Nahtreffern zog der beißende Rauch ins Innere.

5 = Wrack ROBERT LEY. Das ehemals für die Deutsche Arbeitsfront gebaute KdF-Schiff mit 27 288 BRT Vermessung diente ab 1939 als Lazarettschiff, lief am 23. März 1945 in Hamburg ein und machte am Hachmannkai fest. Auch U 287 lag bis zum Abend dort, verholte dann aber in den U-Boot-Bunker der Howaldtswerke; zum Glück, denn noch in der Nacht kamen die Bomber und am 24. März war ROBERT LEY nur noch ein ausgebranntes, mit erheblicher Schlagseite an der Pier liegendes Wrack.

Fast dieselbe Aufnahme, jedoch etwas größere Darstellung einzelner Details:

1 = Anleger und Arsenal Tollerort

2 = VEENDAM

3 = ROBERT LEY

4 = Helgen Howaldtswerke

5 = MAN

6 = Helgen Blohm & Voß

7 = U-Boot-Bunker »Elbe II«

6
1
2
7
4
5
3

Der Bauhafen der Kriegermarinewerft Wilhelmshaven im März 1945. An der Westkaje am Liegeplatz B 5 das gesunkene Typ XXI-Boot U 3508. Es war am 30. März 1945 Bomben zum Opfer gefallen. Da die Kriegsmarinewerft nur vorübergehend für den U-Boot-Bau (Typ VII) herangezogen wurde, fielen den Bombenangriffen auch nur entsprechend wenige Boote zum Opfer:
Am 27. Januar 1943 U 769 und U 770. Beide wurden auf der Helling zerstört. Am 15. Oktober 1944 war es U 777, das am Liegeplatz B 5 der Bauwerft Opfer von Bomben wurde, und am 30. März 1945 folgten U 96, U 382, U 429 und U 3508.

Die mit zunehmender Kriegsdauer wachsende Luftbedrohung bereitete der deutschen Rüstungsindustrie große Sorgen. Während das »Bomber Command« der Royal Air Force nach wie vor und im steigenden Maße das Flächenbombardement der deutschen Städte und der dort lebenden Zivilbevölkerung bevorzugte – die Angriffe erfolgten vorwiegend nachts – konzentrierten sich die Angriffe des U.S.Air Force mehr auf die wichtigen Industrieanlagen. Dazu gehörten auch und insbesondere die deutschen Werften. Zwar wären viele Rüstungsanlagen, insbesondere wichtige Betriebe »unter die Erde«, also bombensicher verlagert worden, aber für die Werften traf das nicht zu. Trotz massierter Angriffe blieben sie überwiegend intakt, und im Jahre 1944 war der Ausstoß an Unterseebooten größer als je zuvor. Das lag daran, daß die neuen Boote des Typs XXI in Sektionen gefertigt wurden, die im ganzen Reichsgebiet gebaut und dann auf dem Wasser- oder Schienenweg nach den Montagewerften verbracht wurden. Folglich galten ab da viele, wenn nicht sogar die wichtigsten Angirffe den Verkehrsverbindungen und eben den Werften. Im Gegensatz zu den Briten kamen die Amerikaner vorwiegend am Tage.

Nachfolgender Bericht über Beschädigungen an Unterseeboot-Neubauten auf der Krupp-Germaniawerft wirft ein bezeichnendes Licht auf diesen Zustand.

Fried.Krupp Germaniawerft Aktiengesellschaft, Kiel-Gaarden

Geheim!

1. Dies ist ein Staatsgeheimnis im Sinne des § 88 RStGB.
2. Weitergabe nur verschlossen, bei Postbeförderung als „Einschreiben".
3. Aufbewahrung unter Verantwortung des Empfängers unter gesichertem Verschluß!

Wp D 37/171

B e r i c h t
über
die U-Bootsschäden der G.W. durch Bombenabwurf
am 14.5.1943.

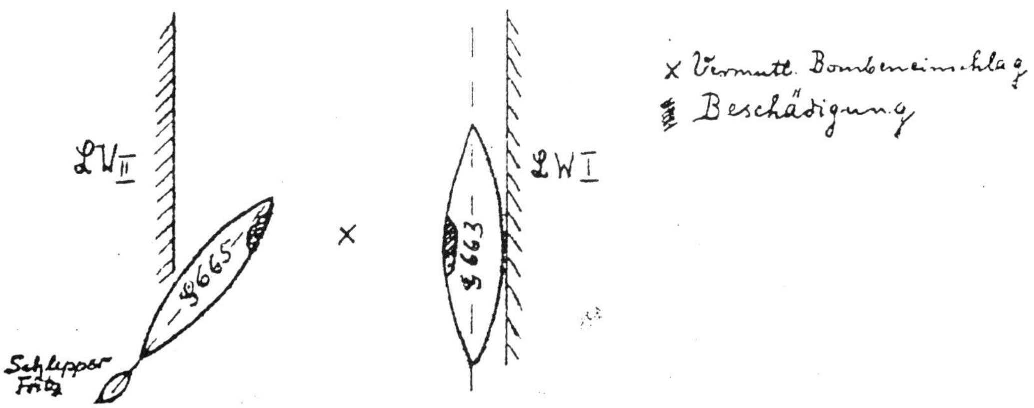

I. Betrifft »G 665« (U 235)
Eine Bombe fiel in ca. 6–8 m Entfernung vom Bugraum an Stb-Seite ins Wasser und explodierte 3 m unter Wasser. Das Boot ist gesunken und lag in 8 m Tiefe. Es wurde am 31.5.43 wieder gehoben.
Schäden s. Abb. 1, 2 und 3.

1. Zerreißen des vorderen Endbodens an Stb-Seite am unteren Torpedorohrflansch. Einriß bis zur angrenzenden Druckkörperhaut. Letztere hatte an dieser Stelle eine leichte Beule von ca. 30 mm Tiefe.
2. Torpedorohr III wurde von mehreren Splittern durchlöchert.
3. Die Welle des vorderen Tiefenruders nebst Abweiserarm wurde stark verbogen. Das Kegelradgehäuse war unbeschädigt.
4. Die Tauchzelle 5 an Stb-Seite war stark zerfetzt und eingebeult.
5. Halterungen für Luftventile (Preßluft) waren abgerissen.
6. Das Hauptruder und hintere Tiefenruder blieben unbeschädigt.
7. Eine Beschädigung der Dehnschrauben wurde nicht festgestellt, auch kein unterschiedliches Verhalten den normalen Schrauben gegenüber.
8. Alle E-Maschinen, einschließlich Antriebsmotoren der Hilfsmaschinen, sind voll Wasser gelaufen, da sie nur gegen Schwallwasser geschützt waren; auch der vordere Tiefenruder-Motor lief durch das Entlüftungsrohr voll Wasser.
9. Alle Akkubatterien mußten wegen Angriff von Seewasser ausgebaut werden. Bei 90 % aller Zellen ist auch die Vergußmasse gerissen.
10. Betriebsselbstschalter, Kontakte, Anschlüsse usw. sind größtenteils angefressen und zerstört. Der Automat war noch starr ohne Gummiisolation mit 4x10-mm-Schrauben auf dem Gestell befestigt. Das Gewicht desselben beträgt 81 kg. Die anderen Geräte waren größtenteils mit Schwingmetallanordnung versehen. Dieselbe genügte aber nicht den Anforderungen, denn die Geräte hingen lose in ihren Befestigungsstellen.
11. Die Hauptlenzpumpe und die Trimmpumpe mußten neue Kugellager erhalten.

II. Betrifft »G 663« (U 233), s. Abb. 14a–17a
Die Beschädigungen sind wahrscheinlich von denselben Bomben herbeigeführt, die auch »G 665« beschädigten.
Schäden:

1. An Bb-Seite im Bereich der Tauchzellen 3 und 4 (Spant 61–63) waren die Außenhaut und drei der dort befindlichen Minenschächte vollständig zerrissen und verbeult.
2. Die durch den Druckkörper durchgeführten waagerechten Antriebswellen der Minenorgane haben den Druckkörper im Bereich der eingeschweißten Durchführung verbeult. Derselbe ist aber dicht geblieben. Verwürgungen an allen Schneckengetrieben an den Flutklappen.
3. Starke Beschädigungen einer Tauchzelle.
4. Eindrücken des Vorschiffes im Bereich der vorderen Spanten. Kleine Risse in der Außenhaut.
5. Die Befestigungsfüße des Ankerspills wurden abgerissen.
6. Zwei Druckkörperspanten waren gebrochen, mehrere geknickt.
7. Die Druckölpumpen wurden in den Fundamenten versetzt.
8. Im Bereich der eingedrückten Außenhaut wurde das Bb-Maschinenfundament auf seiner halben Länge von Vorkante bis Mitte um 6 mm verschoben (s. Fundamentschraube in Abb. 17 b). Dehnschrauben wurden nicht defekt.
9- Die Verschraubungen der Außenbordsanschlüsse waren unbeschädigt, ebenso die Außenbordsanschlüsse selbst.
10. Auftreten zahlreicher Kastenrisse durch die starke Erschütterung der Akkubatterien.
11. Die Holzrahmen zu den Akkuzellen waren um ca. 10–15 mm in ihrer Höhe verschoben.
12. Im vorderen Teil waren die Abstellisolatoren unter den Akkuzellen größtenteils herausgerissen; bei allen aber war der Lagerzapfen abgerissen. Im hinteren Teil war alles in Ordnung. Die Akkubatterien haben also scheinbar nicht nur eine Stoßbewegung von unten nach oben, sondern eine seitliche Bewegung ausgeführt. Die Vergußmasse in alter Ausführung war bei allen Batterien gerissen. Die E-Maschine und Dieselmaschinen müssen nachgerichtet werden.

III. Betrifft »G695« (U 1061), s. Abb. 1a, 2a, 3a und 5a
Schäden:
Eine Bombe schlug auf den Sehrohrbock auf und glitt auf der Turmdecke Stb-Seite aus. Die Oberdecksbeplattung und zwei Oberdecksbehälter wurden fortgeschleudert. Die Turmdecke zeigte an zwei Rippen ca. 30 mm lange Risse. Das Boot blieb aber dicht. Alle E-Anlagen im Turm waren abgerissen; bzw. lösten sich von ihren Halterungen in der Turmwand. Sonst keine Beschädigungen.

IV. Betrifft »G 696« (U 1062), s. Abb. 4a und 6a
Schäden:
Beschädigungen des Turmumbaues durch den Turmtreffer auf »G 695«, das längsseits lag.

V. Betriff »G 664« (U 234), s. Abb. 9a–12a
Schäden:
Das Boot wurde auf der Helling von einer Bombe getroffen. Einschlag durch die Back. Die Explosion erfolgte durch die vorderen Trimmzellen. Das Längsschott wurde zwischen beiden Trimmzellen und der Stb-Zelle eingedrückt. Zerstörung der Trimmzellendecke, Kabelbündel zerrissen. Hinterer Teil des Bb-Tiefenruderblattes abgeschlagen.

VI. Betrifft »G 685« (U 1051), s. Abb. 8a
Schäden:
Das Boot wurde auf der Helling getroffen, ohne daß die Bomben explodierten. Treffer im Schuß III Stb-Seite. Ausschuß senkrecht darunter. Boot wurde versetzt. Bombensplitterbeschädigungen durch eine zweite auf der Helling explodierte Bombe.

VII. Betrifft »G 666« und »G 667« (U 236 und U 237)
Schäden:
Beide Boote lagen vollgelaufen im getroffenen Dock mit ca. 45° bzw. 30° Schlagseite. Entsprechende Zerstörung der elektrischen Anlagen durch Wassereinfluß.

Zusammenfassung:
Die Untersuchung der Schäden ergab eine befriedigende Widerstandsfestigkeit des Druckkörpers gegen Fliegerbomben, der z.B. bei einer Entfernung des Explosionsherdes von nur 5 m trotz Einbeulung dicht geblieben ist (s. »G 695« und »G 663«). Als wenig widerstandsfähig gegen Erschütterungen erwiesen sich die Halterungen für Kabel, Schalter und sonstige elektrische Anlagen, auch dann, wenn sie isoliert befestigt waren. Ein unterschiedliches Verhalten zwischen Dehnschrauben und gewöhnlichen Schrauben konnte nicht festgestellt werden. Besonders gefährdet sind die Akkuzellen, weil sich Erschütterungen vor allem auf die Batteriefundamente auswirken und zum Abreißen der Abstellisolatoren führen. Die Verschraubungen der Außenbordsanschlüsse blieben im allgemeinen unbeschädigt.

Werkstoffprüfstelle, den 2. August 1943 Dr. Se./Hg.

Sachbearbeiter: Leiter:

Erfahrungen und Nutzanwendungen aus dem Fliegerangriff auf Kiel am 14.5.43 und den abschließenden Hebungs- und Bergungsarbeiten an dabei beschädigten Restarbeits-Booten

1. Gefahr-Bereich für Wassereinbrüche:
Bei Fliegerangriffen ist die Gefahr von Wassereinbrüchen mit oft zur eigentlichen Verletzung unverhältnismäßig schweren Schäden bei schwimmenden Schiffen natürlich stets gegeben.
Das führt zu dem Schluß, daß man die Boote solange wie möglich auf den Hellingen belassen und erst in einem möglichst weit getriebenen Fertigungszustand vom Stapel lassen sollte, damit die Zeit zwischen Stapellauf und Indienststellung so kurz wie nur möglich wird. Besonders muß für alle Fälle verlangt werden, daß beim Stapellauf bereits die beiden (bzw. alle) Lenzpumpen nebst Lenzleitungsnetz voll betriebsklar sind und ebenso die gesamte Druckluftanlage, derart, daß jederzeit sofort die Tauchtanks an- und ausgeblasen werden können.
Die Hochdruckluft-Flaschen sollten dazu voll aufgefüllt und die zugehörigen Bordanschlüsse offen (leicht plombiert) gefahren werden, so daß man von der Zentrale aus jederzeit sofort anblasen kann.
Es sind aber nicht nur die schwimmenden Schiffe gefährdet, sondern auch:

a) Boote, die zwar noch **auf den Hellingen**, aber so tief stehen, daß sie bei ernsteren Beschädigungen des Hellingpontons oder des Hellinghauptes, also beim Vollaufen des unteren Hellingteils, mit dem unteren Bootsende (meistens also mit dem empfindlichen E-Maschinenraum) eintauchen. Auch sie sind, soweit sie dies tun, gefährdet, zumal da an diese Möglichkeit eines Wassereinbruchs auf der Helling meist nicht gedacht wird. Es muß also bei solchen Booten baldmöglichst – mindestens aber ab Einbau der besonders wasserempfindlichen E-Maschinen – das Boot unten herum dichtgemacht bzw. -gehalten werden (Stevenrohrstopfbuchsen, Torpedorohre, Kühlwasser- und andere Bordabschlüsse).
b) **Boote im Trockendock** – hier aber natürlich über die ganze Bootslänge hin, besonders bei allen Arbeiten an Rohrleitungen, Armaturen usw. – zumal im Unterwasserteil der Boote, aber auch über diesen hinaus.
c) **Boote in Schwimmdocks und Hebewerken**. Solche Docks bieten eine große Trefferfläche. Bei seitlichen Treffern entsteht bei ihnen Neigung zum einseitigen Absacken oder gar Kentern, wodurch dann die Boote noch erheblich mehr gefährdet sind als frei schwimmende. Besonders die Hebewerke werden in ihrer heutigen Ausführung leicht instabil und bilden so eine besonders hohe Gefahr für die innen stehenden Boote, die dann dort infolge der horizontalen Stützen nicht frei aufschwimmen können, sondern umgeworfen werden, wobei sie dann sich und die Docks beschädigen und vollaufen. Es wäre zu prüfen, ob nicht Kimmstützen in dieser Hinsicht besser wären und bei geeigneter Form bei gewisser Tiefertauchung – selbst in Schräglage – ein Aufschwimmen der Boote zuließen. Es wäre h.E. auch zu untersuchen, ob man nicht die Stabilität der sonst sehr praktischen Hebewerke verbessern könnte (2 Mittellängsschotte anstatt eines, und dadurch Dreiteilung in der Längsrichtung. Dazu etwa seitliche, hochgezogene Schächte, die beim Tiefertauchen zu deplazieren beginnen und so wenigstens eine gewisse Stabilität der Hebewerke ergeben würden. Auch die ohne größere Änderungen zu schaffende Möglichkeit, die Dockpontons – etwa mittels Pumpendampfer – zu lenzen – anstatt sie nur mit Luft ausblasen zu können – wäre zu prüfen, da die Druckluft schon bei kleinen Verletzungen zu leicht entweicht).

2. Gefahr durch Unterwasserarbeiten und vorbeugende Maßnahmen gegen Wassereinbruch:
Die Boote sind in den Docks naturgemäß dadurch vermehrt gefährdet, da ja dort meist – oft umfangreiche – Unterwasserarbeiten an Rohrleitungen usw. ausgeführt werden, so daß sie dann gewöhnlich an zahlreichen Stellen undicht sind. Hier muß daher besonderer Wert darauf gelegt werden, daß diese Undichtigkeiten auf das unvermeidliche Mindestmaß beschränkt werden, und, daß zeitlich ihre Dauer, soweit nur irgend möglich,

herabgedrückt wird (Arbeit in zwei Schichten, verstärkte Aufsicht zur Verhütung von Bummelei). Ferner Schließung aller Öffnungen mittleren und kleineren Umfangs (z.B. an Armaturen oder Rohrleitungen) die, soweit nicht durch einen zweiten Abschluß verschließbar, bei jedem Verlassen der Arbeitsstelle und zumal natürlich bei Alarm durch verwendungsbereit dabei hängende passende Leckstopfen und bei längerer Abwesenheit durch Blindflanschen dichtzusetzen sind. Bei großen Öffnungen, z.B. bei Arbeiten an den Torpedorohren oder bei offenen Akku- oder Montageluks wird solch Schließen meist unmöglich sein. Dann müssen dort die Arbeiten aufs äußerste beschleunigt werden. Wenn keine vorsorgliche Notabdichtung des gefährdeten Druckkörperraumes möglich ist, muß dieser stets besonders sorgfältig gegen die Nachbarräume abgeschottet werden. Die Schottüren des gefährdeten Raumes sind geschlossen zu halten, alle Schottdurchbrechungen sind zu schließen, damit ein etwaiger Wassereinbruch lokalisiert wird, also Türen, Ventile, Schieber usw. dicht.

3. Sicherstellung des Schottendichtigkeit und besonders der Möglichkeit schnellen Türschließens bei Alarm:
Damit die Schotten bei Gefahr (besonders also bei Alarm oder Luftwarnung) schnell geschlossen werden können, dürfen keine fliegenden Kabel mehr durch die Türen geführt werden (vergleiche hierzu B.A.-Schreiben B.Nr. 615 geh e/S vom 8.6.43). Für die Ladekabel, die nur für die Ladedauer liegen bleiben dürfen, sind die Leute des Ladebetriebes voll verantwortlich, ebenso Leute, die mit Preßluftschläuchen arbeiten, für ihre Schläuche (evtl. Bl. & V.-Anordnung einer wasserdichten Kabeleinführung durch einen Ersatz-Torpedoluk-Deckel). Batterieladen ist bei Luftwarnung sofort zu unterbrechen. Dann: Kabel raus! Schotten dicht! (natürlich nicht nur – wie geschehen – mit Klinke, sondern auch mit gut angezogenen Vorreibern).
Die Akkudecken und die Akku-Lüftungsleitungen müssen, soweit sie nicht (leider!) zur Batterie-Selbstlüftung offen bleiben müssen, überall sorgfältig geschlossen werden (evtl. sollte man – mit OKM-Genehmigung – Schwimmerklappen in diesen Selbstentlüftungen einbauen, wie sie auf Zerstörern üblich sind). Ebenso sollte man das Spind für die abschaltbaren Sicherungen oberflächendruckfest ausführen und die Sicherungen bzw. die Schalter stets, soweit Strom nicht gebraucht wird, spätestens aber bei Alarm, abschalten, damit keine Batterieentladungen mit ihren schweren Folgen auftreten können. Auch die Selbstentlüftungen wären dann zu schließen (die vielfach noch vorhandenen Löcher in den Schotts für die fliegenden Montagekabel sollten vor dem Stapellauf geschlossen werden). Zukünftig sollen besonders wasserdichte Schott-Doppelsteckdosen oder Schottdurchführungen ausgeführt werden, die nach Indienststellung dichtgesetzt werden sollen, aber immer wieder bei Grundüberholungen usw. benutzt werden können. Alle Schottdurchbrechungen, z.B. die Ventilationsschieber, sind stets geschlossen zu fahren und festzubinden, damit sie nicht aus Gedankenlosigkeit geöffnet werden. Müssen sie, z.B. zwecks Gasabsaugens beim Batterieladen, geöffnet werden, so ist die Ladegruppe für das Wiederschließen verantwortlich. Dicht zu halten sind überhaupt nicht nur die Druckkörper-Durchdringungen, sondern auch alle Öffnungen in allen Schotten (**nicht nur in den Kugellschotten**); denn gut mit Vorreibern geschlossene Flachschotten halten für die geringen Wasserdrücke, wie sie beim Sinken an den Kais und Leitwerken der Werften auftreten (und nicht nur bis 1 m über Oberkante) praktisch ausreichend dicht. Ebenso steht es mit den Wandungen der Tauchtanks, die auch möglichst überall, zumal aber oben, dichtgehalten werden **müssen**, damit sofort an- und ausgeblasen werden kann. Zu den dichtzuhaltenden Abschlüssen, die jederzeit (soweit und solange sie nicht gerade einmal im Betrieb geöffnet werden müssen) geschlossen und leicht plombiert gehalten werden sollen, gehören ferner: Alle 4 Diesel-Abgasklappen, alle Abgas-Ausblaseventile (oder -Klappen), auch die der Ju-Verdichter, nebst zugehörigen Entwässerungen. Alle Lukendeckel, Mannlöcher usw. zu irgendwelchen wasserdichten Tanks, Munitions-, Stau- oder ähnlichen Räumen sind stets, soweit irgend möglich, sorgfältig dicht zu halten.

4. Maßnahmen zur Erhöhung der Leckabwehr-Möglichkeiten:

a) An sich wäre es manchmal vorteilhaft, wenn die **Tauchklappen** geöffnet wären. Da man aber nicht wissen kann, wo und wie die Beschädigungen auftreten, sind diese Klappen geschlossen zu halten. Die **Tank-Entlüftungen** müssen natürlich stets gut geschlossen und gesichert sein.
b) Daß die **Preßluftflaschen** stets voll gefüllt sein sollen, war schon zuvor erwähnt. Sie sind aber nur benutzbar, wenn die Luft im Bedarfsfall von der Zentrale aus greifbar ist. Deswegen sollten alle Preßluft-Bordventile offen gefahren werden (dabei leicht plombiert oder festgebunden), damit man auch wirklich ohne weiteres von der Zentrale aus Tanks ausblasen kann. (Da die Boote im Hafen mehr gefährdet sind, als in normaler Fahrt, sollte man überlegen, ob man nicht doch – natürlich mit OKM-Genehmigung – wieder zu einer vereinfachten Not-Ausblase-Vorrichtung zurückkehren sollte für den Fall, daß ein Boot gesunken und die Zentrale nicht mehr zugänglich ist. Eine verhältnismäßig sehr einfache Einrichtung wäre folgende: der Abgasausblase-Verteiler erhielte einen Anschluß für einen normalen Arbeitspreßluftschlauch – etwa 6 atü. Da der Turm am Kai oder im Dock meist noch aus dem Wasser herausragen wird, wäre es zweckmäßig, diesen Anschluß dorthin heraufzuziehen. Wenn man dann die Abgasausblaseverteiler, was ohne zu große Änderungen möglich wäre, so einrichtete, daß sie (auch vom Taucher) von Oberdeck aus bedient werden könnten, so wäre eine wertvolle und schnell anwendbare Bergungshilfe geschaffen.)

Man muß damit rechnen, daß einzelne oder mehrere oder gar alle Räume im Havariefall nicht mehr zugänglich sind. Oft wird dann die Zentrale noch betretbar sein, oder es doch zuerst wieder werden. Die Lenzventile müssen daher überall geschlossen gehalten werden, soweit an einem Lenzstrang mehrere Saugstellen vorhanden sind. Man kann dann damit anfangen, zunächst die beiden Akku-Räume zu lenzen, deren Saugventile von der Zentrale aus bedienbar sind. Dazu muß man zuvor die Sicherungen am Antriebsgestänge lösen, die eine besondere Sicherheitsmaßnahme für die Akku-Räume gegen etwaiges unbeabsichtigtes Fluten sind. Wenn die Akkudecke so dicht hält,

daß die darüber liegenden Wohnräume nicht mitlenzen, kann man das Wasser aus ihnen zunächst durch die Ventilationsleitungen überschleusen in die Zentrale und danach den Rest durch vorsichtiges Aufklemmen der Schottür. Alle Schottschieber der Ventilationsleitungen sollen geschlossen sein, während die Raum-Rosetten mit Ausnahme der zu den Akku-Räumen offen bleiben sollen. Man kann dann beim Überschleusen durch die Lüftungsleitungen feststellen, ob der zu lenzende Raum nicht mehr Wasser macht, als man mit den Pumpen halten kann. Bis zu einem gewissen Grade, nämlich soweit, wie das Wasser durch die Entlüftungen der Einbautanks oder -räume (z.B. bei den vorderen Wohnräumen über der Batterie durch die der Munitions- und S-Anlage-Kammern) nachläuft, kann man dann auch über die eingebauten Räume die Wohnräume lenzen, wie es überhaupt meist die Aufgabe sein wird, planmäßig einen Raum nach dem anderen zu lenzen (oder auszublasen), ihn dadurch betretbar zu machen und danach gegen Wiedervollaufen zu sichern. Dazu wäre es sehr erwünscht, den Zustand in jedem Raum vom Nachbarraum aus sichtbar zu machen. Das könnte durch Fensterchen – etwa in den Schottüren – geschehen, wie sie früher schon einmal üblich waren. Am besten wären zwei solche Fenster, von denen das eine dazu dienen könnte, mit dem kleinen Bordscheinwerfer oder selbst einem starken Handleuchtstab hineinzuleuchten und das andere zum Beobachten. Zu überlegen wäre auch, ob man nicht wieder eine Einrichtung schaffen sollte, um die einzelnen Innenräume von Nachbarräumen aus ganz oder doch wenigstens teilweise ausblasen zu können, was meist dann möglich sein würde, wenn die Leckagen nicht zu hoch im Raum liegen. Beobachten des Drucks im auszublasenden Raum muß dazu möglich gemacht werden, was durch Mitbenutzung vorhandener Manometer in den meisten Fällen möglich sein würde. Es könnte eingewendet werden, daß alle diese Maßnahmen zu weit gingen und – für einen seltenen Ausnahmefall – keinen Zweck hätten. Dem ist aber entgegenzuhalten, daß die Gefährdung der Boote während der Werftliegezeiten – und nicht nur während der Neubauzeit – unverhältnismäßig groß und oft recht folgenschwer ist, wie eine Reihe von Fällen bisher schon gezeigt hat und voraussichtlich in Zukunft immer noch mehr zeigen wird.
Manche der Maßnahmen könnten aber nur während der Fahrtzeit der Boote bei Havarien von Nutzen sein, so etwa die Verbesserung der Einrichtung zum Unterdrucksetzen angeschlagener Räume mittels Druckluft oder auch – wenigstens bei Havarien in heimischen Gewässern – die vereinfachte Tauchernotlufteinrichtung. Nach den hier gemachten Erfahrungen ist natürlich erfreulicherweise festzustellen, daß die Boote viel mehr aushalten, als man im allgemeinen annimmt. Obgleich schwere Fliegerbomben von 500 bzw. 1000 engl. Pfunden, die im allgemeinen für viel gefährlicher als Wasserbomben gelten, in wenigen Metern Abstand neben dem Boden explodiert sind, waren die Druckkörper, wenn überhaupt, meist nur verhältnismäßig wenig beschädigt. Meist handelte es sich um kleine Löcher, die man leicht hätte dichten können, wenn man den Raum unter ganz geringen Druck gesetzt und dort, wie in einer Taucherglocke, gearbeitet hätte.
Wichtig für solche Rettungsarbeiten ist es, zu wissen, daß Chlorgase weder explosiv noch stark giftig sind und daß man mit Gasmaske chlorgasgefüllte Räume betreten kann (das ist durchaus nicht überall bekannt). So sind z.B. die Rettungsarbeiten auf zwei hier auf der Germaniawerft gesunkenen Booten dadurch verhindert worden, daß die Leute der reduzierten Besatzungen die Boote fluchtartig verlassen haben, den Zugang zu den Booten sperrten und niemand (auch die Ingenieure und Meister der Werft nicht) an Bord ließen, da die Boote im nächsten Augenblick explodieren würden! Natürlich war dazu gar kein vernünftiger Grund.

5.Verantwortung für das Boot und für die Sicherungsmaßnahmen:

Dieser Vorfall führt zu einer sehr wichtigen Frage, der der Verantwortung für das Boot bei größeren Werftarbeiten, wie sie z.B. die Restarbeiten fast immer darstellen. Die bisherige Regelung ist so, daß für alle in Dienst gestellten Schiffe und Boote das Kommando verantwortlich ist, gleichgültig, ob dort die ganze Besatzung einschließlich der Offiziere an Bord ist und nur ein paar Mann von der Werft irgendeine Halterung anbringen, oder, ob von der Besatzung nur ein Feldwebel mit ein paar Mann gewissermaßen, um der Form zu genügen, an Bord bleiben und die Werft mit hundert oder mehr Leuten dort arbeitet und das Boot so stark in Mitleidenschaft zieht, daß die paar Mann Restbesatzung tatsächlich kaum in der Lage sind, bei Gefahrfällen Maßnahmen zu treffen, wie sie sie für ganz andere Verhältnisse gelernt haben.
Hier muß h.E. eine grundsätzliche Änderung eintreten. Es müßte von Fall zu Fall entschieden werden, ob für das Boot – gleichgültig, ob es formell als in Dienst gestellt gilt oder nicht – das Kommando oder die Werft verantwortlich ist. Bei der großen Bedeutung dieser Frage und der heutigen Gefahrenlage muß h.E., wenn das Kommando mehr als nur Bewachungs- und Auskunftspersonal sein soll, verlangt werden, daß ein Offizier dauernd (auch nachts) an Bord anwesend sein und soviel Besatzungsmitglieder verfügbar haben muß, daß er im Gefahrenfalle auch wirklich alle erforderlichen Maßnahmen ergreifen kann.
Soweit das nicht der Fall ist, und das wird besonders bei größeren Unterwasserarbeiten immer zweckmäßig sein, muß die Werft die Verantwortung und die Aufsicht genau so übernehmen, wie bei einem noch nicht abgelieferten Neubau. Eine unbillige Zumutung ist das umso weniger, als die finanzielle Verantwortung (infolge Übernahme der Selbstversicherung für die Boote) ja doch stets die Marine trägt. Daß allein die Betriebsingenieure und Meister der Werft bei solchen größeren Arbeiten wissen können, welche Maßnahmen zur Sicherung des Schiffes nötig sind, liegt für jeden, der die Verhältnisse kennt, auf der Hand, wie ja auch nur sie durch vorbeugende Maßnahmen die Gefahren für das Boot wesentlich verringern können.
Zur Sicherstellung solcher vorbeugender Maßnahmen, wie sie im Vorstehenden zusammengefaßt wurden, ist nun auf Anregung der Bauaufsicht auf der Germaniawerft als ständige Einrichtung eine besondere Dienststelle geschaffen worden, bestehend aus je einem besonders zuverlässigen Vorarbeiter oder Untermeister auf den drei Gebieten Schiffbau, Maschinenbau und Elektrotechnik. Sie hat ein besonderes kleines Büro mittel-

bar an den Kais und Leitwerken. Einer von ihnen soll dort stets telefonisch erreichbar sein, während die beiden anderen dauernd auf den wassereinbruchgefährdeten Booten die Durchführung der obigen Maßnahmen (besonders die Dichthaltung aller Räume) zu beaufsichtigen und sicherzustellen haben. Besonders bei Alarm und bei Arbeitsschluß haben sie dafür zu sorgen, daß alle Maßnahmen für einen etwaigen Angriff und für die Nacht so getroffen sind, daß etwaige Wassereinbrüche möglichst lokalisiert werden und nicht zum Vollaufen und Sinken des ganzen Bootes führen. Sie sollen dabei in einem Wachbuch vermerken, welche Öffnungen z.Zt. im Boot aus irgendeinem Grunde nicht geschlossen werden konnten, damit jederzeit bei Eintritt einer Havarie ohne lange und oft zeitraubende und irreführende Ermittlungen alle etwa zur Bergung oder Hebung des Bootes erforderlichen Schritte ohne Zeitverlust getroffen werden können.

Sie haben auch dafür zu sorgen, daß das erforderliche Dichtungsmaterial sofort greifbar – am besten wohl in ihrem Büro – bereit liegt, also z.B. Leckstopfen verschiedener Durchmesser, Material zum Kalfatern nebst Werkzeug dazu, Feuerlöscher, sowie Leckmatten (für letztere sollte man auf jedem Boot – bis zur Frontbereitschaft – vor und hinter dem Turm von Bordwand zu Bordwand unter dem Kiel hindurch je ein Paar Stahlleinen fahren, um bei Leckagen die Lecksegel ohne Zeitverlust vor die Leckstellen holen zu können. Diese Leinen könnten daneben auch nützlich sein, um bei sinkenden oder gesunkenen Booten Hebetrossen oder -Brocken ohne langwierige Taucherarbeiten unter dem Boot durchzuholen.

Neben diesen 3 Leuten, die für **alle** im Wasser oder im Dock stehenden Boote zu sorgen haben, hat die Germaniawerft aufgrund der Erfahrungen vom 14.5. auch noch versuchsweise für jedes Boot besondere Leute abgeteilt, die, ohne selbst mitzuarbeiten, für ihr Boot praktisch dieselben Aufgaben haben, wie jene für alle Boote zusammen, hauptsächlich um sicherzustellen, daß bei Alarm, also vor Verlassen des Bootes, auch wirklich noch alle Sicherungs- und Verschlußmaßnahmen durchgeführt werden.

Nachdem jetzt über 2 Monate vergangen sind, sollte man nochmals prüfen, ob das nötig ist; h.E. müßte es, wenn sich die allgemeine Sicherungsgruppe erst richtig eingespielt hat, möglich sein, für jedes Boot je einen dort mitarbeitenden Vorarbeiter oder Meister für das Vorschiff und Achterschiff zu bestimmen, die das Boot, nachdem sie alles abkontrolliert haben, als Letzte verlassen und dann am besten in einen der Zement-Schilderhausbunker treten oder bei U-Booten in den Kommandoturm treten, der nach den bisher hier gemachten Erfahrungen mindestens die Sicherheit eines normalen Bunkers bietet. Werden alle diese Maßnahmen getroffen und auch im Gefahrenfalle gewissenhaft alles demnach Erforderliche durchgeführt, so wird h.E. die Wahrscheinlichkeit des Sinkens von Booten bei Fliegerangriffen auf einen Bruchteil des bisherigen verringert. Da bisher schon eine Anzahl von Booten bei solchen Angriffen viel schwerer zu Schaden gekommen sind, als nötig gewesen wäre, wird die Sache für wichtig genug gehalten, um von den gemachten Vorschlägen des OKM, dem K.Adm.d.U., den Marinewerften und Stützpunkten, sowie allen Nachbarwerften Kenntnis zu geben, wobei es natürlich allen Stellen überlassen bleiben muß, sich daraus das herauszusuchen, was für ihre jeweiligen besonderen Verhältnisse zweckmäßig und durchführbar scheint. Richtig angewandt hätten diese Maßnahmen z.B. vermutlich bei allen der 3 am 14.5. auf der Germaniawerft gesunkenen Booten das Vollaufen und Sinken und damit die größten Schäden verhütet.

Es kann nämlich abschließend aus den Erfahrungen mit diesen 3 Booten und einer Anzahl weiterer Boote, auf denen bzw. neben denen dicht bei (wenige Meter Abstand) schwere Fliegerbomben von 500 bzw. 1000 engl. Pfund explodiert sind, festgestellt werden, daß diese Boote erstaunlich viel aushalten und in den meisten Fällen voraussichtlich bei entsprechenden Maßnahmen schwimmend gehalten werden können. Der Aufwand für diese Maßnahmen sowie die lebendige Mitarbeit an ihren weiteren Ausbau ist daher h.E. durchaus der Mühe und der dabei entstehenden relativ geringen Kosten wert.

Boot U 235 = Nr. 1 im vorstehenden Bericht.

Boot U 235 = Nr. 2 im vorstehenden Bericht.

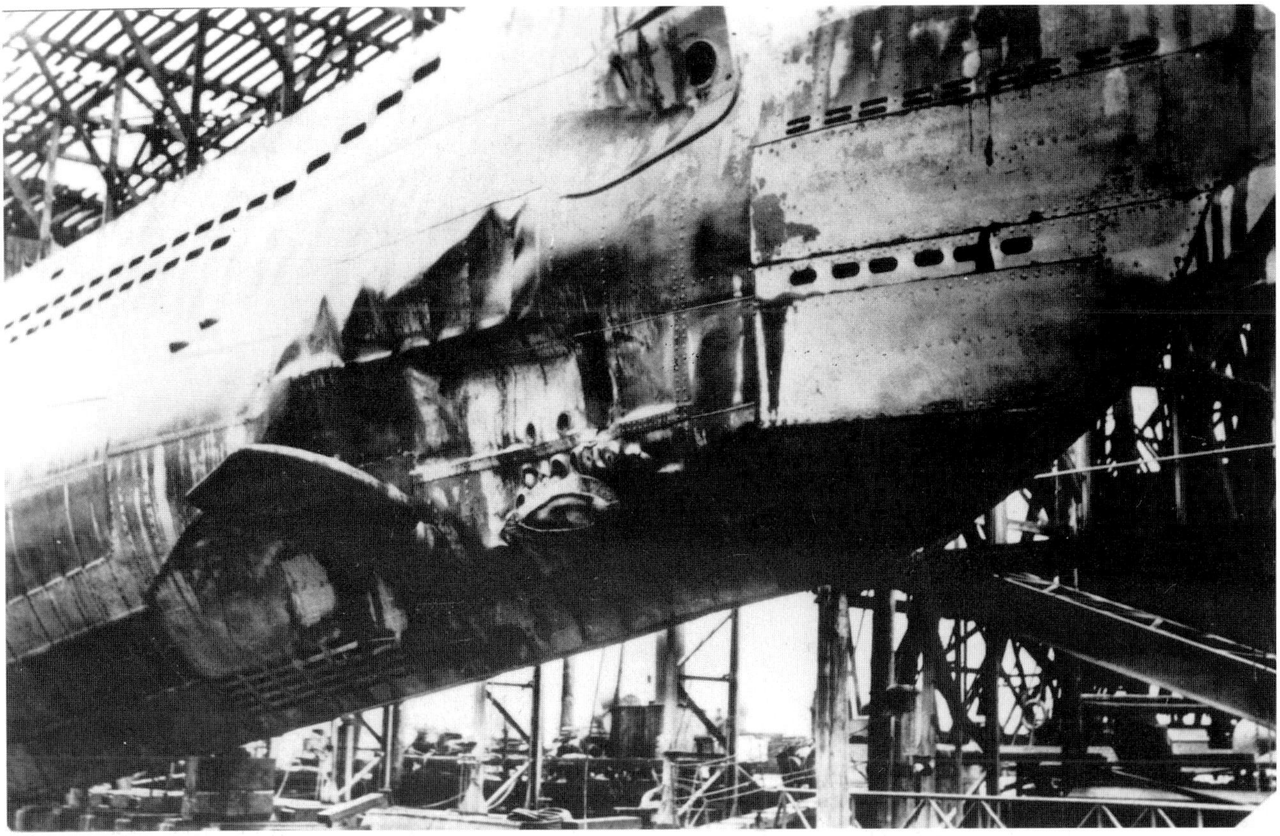

Boot U 235 = Nr. 3 im vorstehenden Bericht.

Boot 233 = Nr. 14a im vorstehenden Bericht.

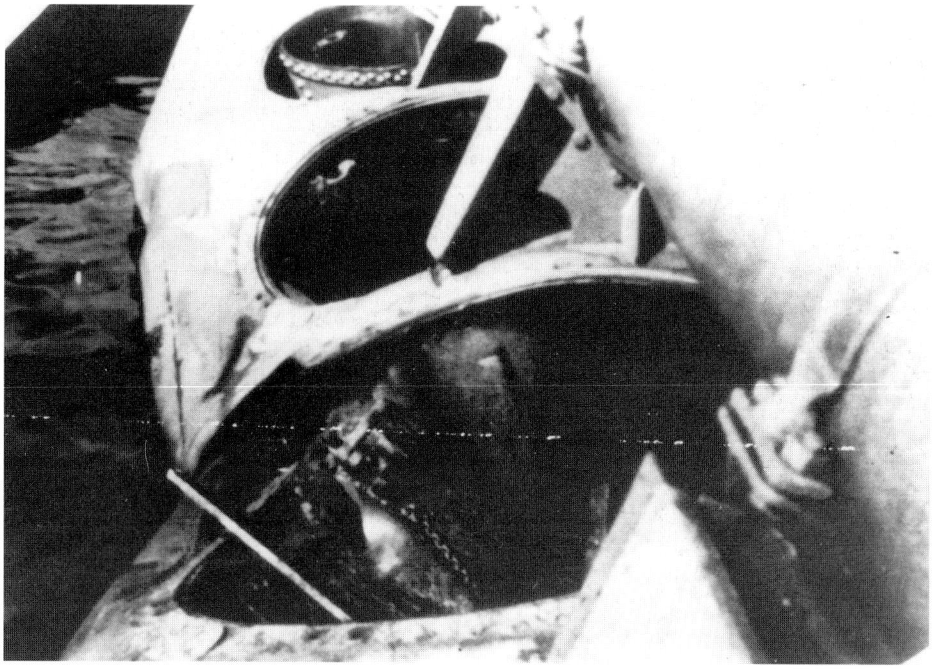

Boot 233 = Nr. 15a im vorstehenden Bericht.

Boot 233 = Nr. 17a im vorstehenden Bericht.

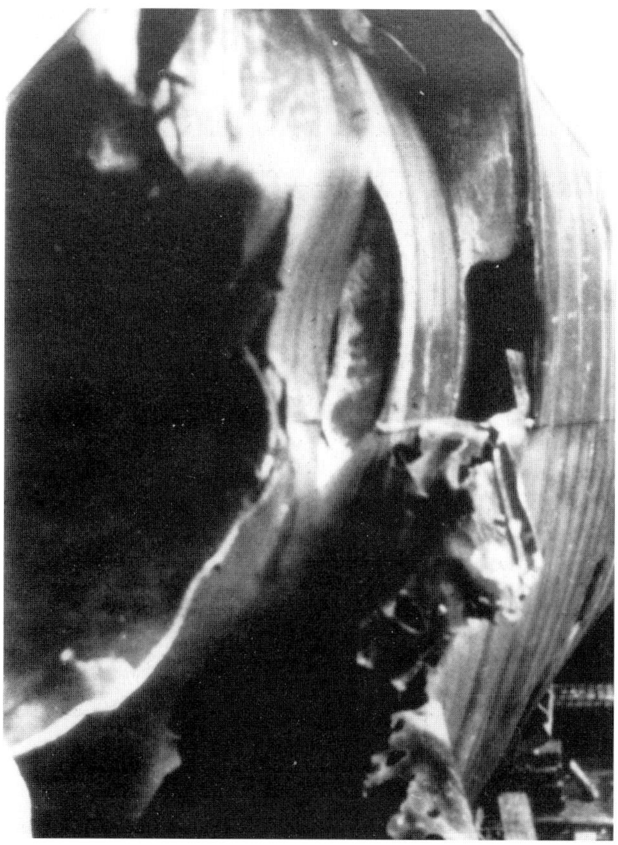

Boot 233 = Nr. 16a im vorstehenden Bericht.

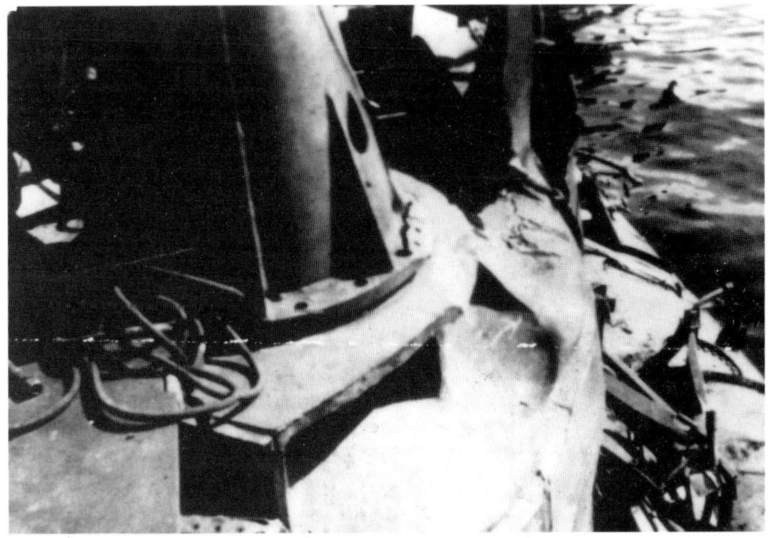

Boot U 1061 = Nr. 2a im vorstehenden Bericht.

Boot U 1061 = Nr. 3a im vorstehenden Bericht.

Boot U 1061 = Nr. 1a im vorstehenden Bericht.

Boot U 1061 = Nr. 5a im vorstehenden Bericht.

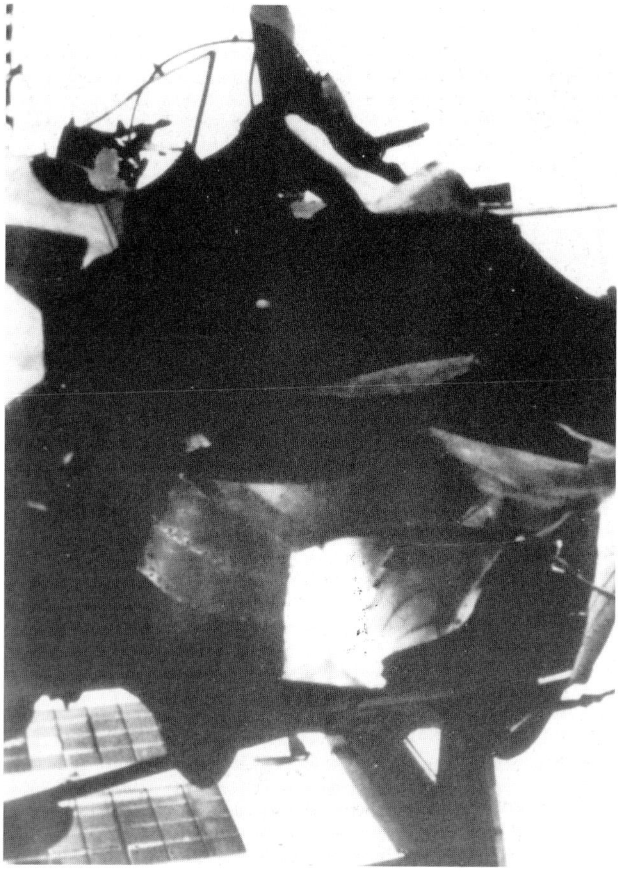

Boot 1062 = Nr. 4a im vorstehenden Bericht (oben links).

Boot 1062 = Nr. 6a im vorstehenden Bericht (oben rechts).

Boot U 234 = Nr. 9a im vorstehenden Bericht.

Boot U 234 = Nr. 10a im vorstehenden Bericht.

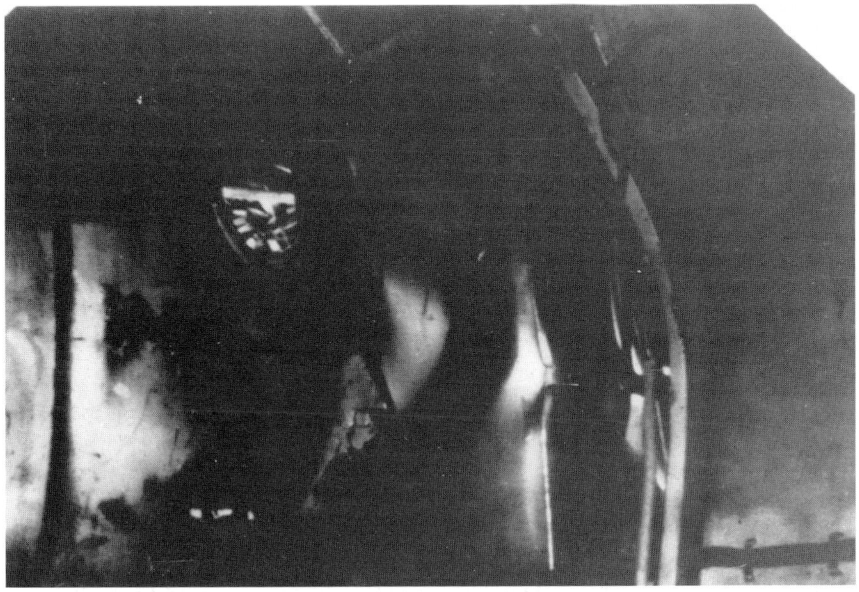

Boot U 234 = Nr. 11a im vorstehenden Bericht.

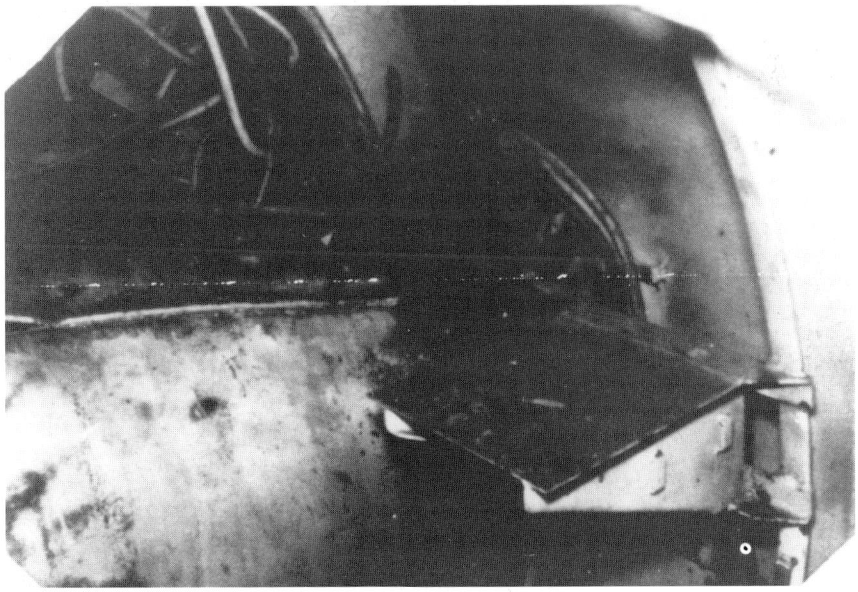

Boot 234 = Nr. 12a im vorstehenden Bericht.

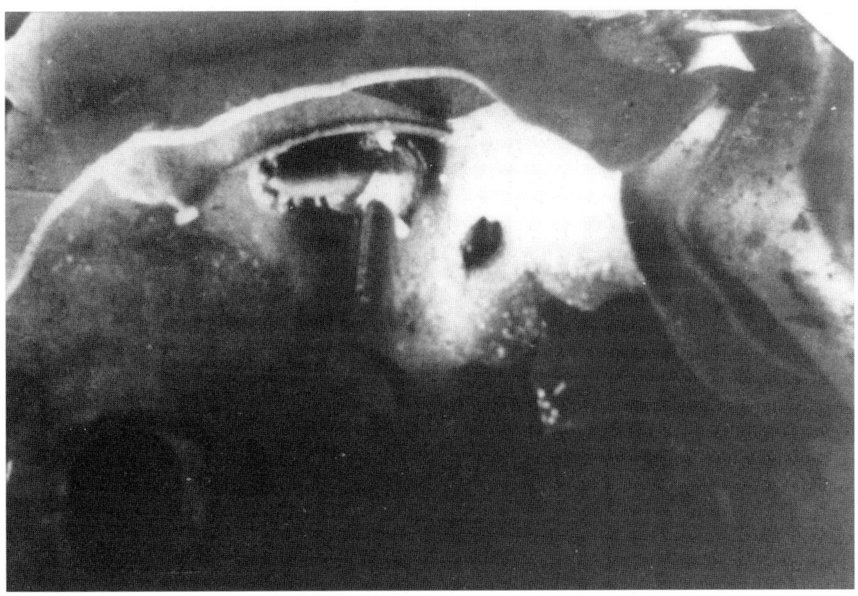

Boote U 236 und U 237 = Nr. 7a im vorstehenden Bericht.

U-Boot-Ehrenmal Möltenort

Zur Erinnerung und zum Gedächtnis an die Toten der U-Boot-Waffe beider Kriege steht auf der Möltenorter Schanze von Heikendorf an der Kieler Förde das U-Boot-Ehrenmal. Sein Bau wurde durch Sammlungen finanziert, die Grundsteinlegung erfolgte am 11. Juli 1926 in Anwesenheit des Chefs der Marinestation der Ostsee, VAdm Raeder, und des BdU im Ersten Weltkrieg, VAm a.D. Michelsen. Am 8. Juni 1930 wurde es von den noch lebenden U-Boot-Fahrern des Ersten Weltkrieges eingeweiht. In den 30er Jahren erfolgte ein Totalumbau mit erneuter Grundsteinlegung am 1. August 1937, die Betreuung lag ab dann in Händen des Volksbundes Deutsche Kriegsgräberfürsorge. Die zweite Einweihung erfolgte am 12. Juni 1938. Mit Ende des Zweiten Weltkrieges verfiel die Gedenkstätte, dazu gehörten auch Plünderungen u.a.m. Anfang der 50er Jahre begann – getragen von ehemaligen U-Boot-Fahrern und dem Volksbund Deutsche Kriegsgräberfürsorge die Neuherrichtung; Wiedereinweihung war am 27. September 1970.

Zwar liegt die Verantwortung für die Gedenkstätte in Händen des Volksbundes, die direkte Betreuung und Pflege aber wird ehrenamtlich von der U-Boot-Kameradschaft Kiel wahrgenommen. Hinzu kommen regelmäßige »Arbeitsbesuche« anderer U-Boot-Kameradschaften. Alle Aktivitäten werden durch Spenden finanziert.

Das U-Boot-Ehrenmal nach dem Umbau in den 30er Jahren. Hier passiert gerade der auslaufende Leichte Kreuzer EMDEN.

Das Ehrenmal in seiner heutigen Gestaltung. Der Obelisk wird an beiden Seiten von je einer Ehrenhalle flankiert.

Die Gedenktafel für die gefallenen U-Boot-Fahrer des Ersten Weltkrieges.

Blick in eine der Ehrenhallen mit Kränzen und Bändern, angebracht von Besuchergruppen, insbesondere von U-Boot-Kameradschaften.

Besuch der U-Boot-Kameradschaft Wilhelmshaven am 13. April 1989: Kranzniederlegung und Gedenken an der Tafel für die Toten des Zweiten Weltkrieges.
Ein bekannter U-Boot-Kommandant hat es einmal so formuliert: »Wir haben weder für Hitler noch für den Großadmiral noch für irgendeinen anderen Menschen gekämpft, sondern im Glauben an die ›Gute Sache‹ ausschließlich für unser Volk und Vaterland, wie es das Gesetz befahl«.

Der Wandelgang um das Ehrenmal herum und die Wege zwischen den beiden Ehrenhallen sind mit bronzenen Tafeln versehen, auf denen alle Unterseeboote und die Namen der Männer verewigt sind, die mit ihnen ihr Leben verloren. Bei dem Kameraden mit Stock handelt es sich um FKpt a.D. Thäter, einst Kptlt und Kommandant der Unterseeboote U 466 (am 19. August 1944 in Toulon nach schweren Bombenschaden selbst zerstört) und U 3506. Das Wrack dieses Bootes liegt heute noch in und unter den Trümmern des U-Boot-Bunkers Elbe II in Hamburg.

Anhang

Abkürzungen/Begriffe/Erläuterungen

Agru Front	Ausbildungsgruppe Front. In dieser Gruppe wurden die Unterseeboote vor Zuteilung zu einer der Frontflottillen von erfahrenen Ausbildern auf Herz und Nieren geprüft, bevor ihnen die Frontreife bescheinigt wurde.
Asdic	Aktives, ultrasonore Schallwellen ausstrahlendes Gerät. Alliied Submarine Investigation Committee = ASDIC. Vergleichbar dem deutschen S-Gerät.
BA.	Bauaufsicht (der Marine)
Bali	Name des deutschen FuMB 29
BB	Kürzel für Battleship = Schlachtschiff
Bb	Backbord
BdU/B.d.U.	Befehlshaber der Unterseeboote
Black Pit	Schwarzes Loch, im übertragenen Sinn Bezeichnung der Seegebiete im Atlantik, die von den alliierten Flugzeugen der einzelnen Basen nicht oder kaum überwacht werden konnten.
Blimp	Kleines Luftschiff, das zur Überwachung und Unterbootbekämpfung in küstennahen Gewässern vor der Küste der USA verwendet wurde.
Bl.+V.	Blohm & Voß
B.Nr.	Brieftagebuchnummer
Bold	Störgerät, daß gegen die ASDIC-Ortung eingesetzt wurde.
Bomber Command	Die strategische Bomberflotte der Royal Air Force.
Brook	Starker, mit Augen und Schäkeln versehener Stander zum Zurren.
BRT	Bruttoregistertonne(n)
Capt/Cpt.	Captain = Kapitän zur See
Captain RN	Kapitän zur See der Royal Navy
CinC	Commander in Chief = Oberbefehlshaber/ Befehlshaber
Coastal Command	Küstenkommando = Befehlsstelle und Einheiten der nahen Küstengewässer, vorwiegend Flugzeuge
Convoy	Geleitzug, siehe Seite 13 mit den Kennungen der einzelnen Convoys.
CVA	Kürzel für Flottenflugzeugträger, das A steht für Attack.
CVE	Kürzel für Geleitflugzeugträger, das E steht für Escort.
DD	Kürzel für Flottenzerstörer.
DE	Kürzel für Geleitzerstörer, das E steht für Escort.
Deadlight	Lukendeckel. Diese Bezeichnung war der Deckname für die Versenkung der nach Großbritannien ausgelieferten Unterseeboote. Nur wenige Boote fielen dieser Versenkungsoperation DEADLIGHT nicht zum Opfer. Diese wurden von der Royal Navy an einzelne verbündete Marinen abgegeben: USA, Sowjetunion, Norwegen, Frankreich.
DET	Kürzel für die Antriebsart eines Schiffstyps, hier Diesel Electric Tandem Drive = Dieselelektrischer Antrieb.
Dohmeyer	Name des FuMB 3
D.S.D.	Britischer Orden = Distinguished Service Order/Verdienstorden für Offiziere.
E-Anlage(n)	Elektrische Anlage(n)
E-Maschine	Elektrische Maschine = E-Motoren und E-Generatoren
Enigma	Bezeichnung der deutschen Schlüsselmaschine.*
Escort Group	Geleitgruppe
ex	ehemals
F	Kürzel für Frigate = Fregatte
FdU/F.D.U.	Führer der Unterseeboote
FFN	Free French Navy = Bezeichnung der Marineteile, die 1940 von Dünkirchen oder anderen Häfen und Standorten aus nach Großbritannien gingen und sich unter der Führung des General De Gaulle den Alliierten anschlossen. Der Großteil der französischen Marine stand zur Vichy-Regierung unter Marschall Petain. Sie fand ihr Ende im November 1942 in Toulon, als die deutsche Wehrmacht unter dem Druck der alliierten Landungen in Nordafrika auch das bisher unbesetzte Gebiet Frankreichs okkupierte. Die

* Zur Entstehung, Geschichte und Bedeutung siehe Quellen- und Literaturnachweis: Kozaczuk, Lewis

	Flotte versenkte sich selbst. Im Verlauf des Krieges wechselten zahlreiche Einheiten die Front und schlossen sich De Gaulle an.
FKpt	Fregattenkapitän
Fla..	Fliegerabwehr …
Flak	Fliegerabwehrkanone(n)
Fleet Air Arm	Marineluftwaffe (Royal Navy)
Flushdecker	Schiffstyp der amerikanischen Marine (insbesondere Zerstörer), der ein durchlaufendes Oberdeck hatte, das heißt kein erhöhtes Backdeck, das typische Aussehen der Zerstörer aller Flotten.
FMR	Kürzel für Antriebsart, hier Fairbanks-Morse Reduction geared = Fairbanks-Morse-Anlage mit Untersetzungsgetriebe.
Four Pipers	Bezeichnung für die → Flushdecker-Zerstörer, zu deren typischen Erscheinungsbild vier Schornsteine gehörten. Im Verlauf des Zweiten Weltkrieges änderte sich das äußere Erscheinungsbild zahlreicher Schiffe dieses Typs: Reduzierung der Schornsteinzahl u.a.m.
Frhr.	Freiherr
FuMB …	Funkmeßbeobachtung …
FuMO …	Funkmeßortung …
G …	Kennbuchstabe vor der zugehörigen Baunummer für Unterseeboote, die auf der Krupp-Germaniawerft in Kiel gebaut wurden.
geh.	geheim
h.E.	hiesigen Erachtens
Hedgehog	Igel – Bezeichnung für den im Zweiten Weltkrieg auf Seiten der Alliierten eingeführten Wasserbomben-Salvenwerfer.
Hf/DF	High Frequency Direction Finder, genannt HUFF-DUFF, Kurzwellenpeilanlage, eingebaut auf den meisten alliierten Geleitfahrzeugen.
HMS/H.M.S.	His Majesty's Ship = Seiner Majestät Schiff (Royal Navy)
HMCS/H.M.C.S.	His Majesty's Canadian Ship = Seiner Majestät Canadisches Schiff (Royal Canadian Navy)
Hohentwiel U	Name des FuMO 61
Hohentwiel U 1	Name des FuMO 65
Hunter Killer Group	U-Boot-Jagdgruppe, bestand aus einem Geleitträger und Zerstörern bzw. Fregatten und Korvetten.
Iltis	Deckname für eine auf einen Geleitzug operierende Gruppe Unterseeboote, die sogenannten »Rudel«. Diese Rudel erhielten stets Bezeichnungen wie ILTIS, oder auch ARNAULD, PANZER, DRAUFGÄNGER, ISEGRIM, WERWOLF u.a.m.
(Ing.)	Zusatz hinter der Dienstgradbezeichnung für Offizier = Ingenieuroffizier
Ju-Verdichter	Junkers-Luftverdichter, befand sich auf den Unterseebooten im Heckraum an der Stb-Seite.
K.Adm.d.U.	Kommandierender Admiral der Unterseeboote. Diese Befehlsstelle entstand im März 1943 aus der Dienststelle des im September 1941 geschaffenen 2. Admirals der Unterseeboote. Ihm oblag die truppendienstliche Führung der Unterseeboote, während der BdU die operative Führung hatte.
K.C.B.	britischer Orden = Ritter (Komtur) des Bath-Ordens (Knight Commander of the Bath).
KdF	Kraft durch Freude, Freizeitorganisation der Deutschen Arbeitsfront (Nachfolgeorganisation der 1933 gleichgeschalteten und aufgelösten Gewerkschaften).
KKpt	Korvettenkapitän
kn	Knoten = Schiffsgeschwindigkeit (Seemeilen pro Stunde)
Kptlt	Kapitänleutnant
Kutter	Cutter, offizielle Bezeichnung der verschiedenen Schiffs- und Fahrzeugtypen der amerikanischen Küstenwache (USCG).
LI/L.I.	Leitender Ingenieur(offizier)
LtzS	Leutnant zur See
LUT	Lageunabhängiger Torpedo, eine der letzten eingeführten Neuentwicklungen der deutschen Marine, der – wie vieles andere – zu spät kam.
Mar.Bau.Dir.	Marine-Baudirektor
Mark …	Typenbezeichnung für Ausrüstung alliierter Kriegsschiffe, wie Waffen und Waffenanlagen.
METOX	Bezeichnung für das erste deutsche Funkmeßgerät auf Unterseebooten (Provisorium ohne Erfolg), bekannt als Biskaya-Kreuz.
Mio	Million(en)
Mk …/MK …	siehe → Mark …
n	Nord
NAA-Sqdr.-	Bezeichnung für ein Geschwader des → Fleet Air Arm = Marineluftwaffe
Naxos	Name für das FuMB 7
o	ost
ö.	östlich
ObdM/Ob.d.M.	Oberbefehlshaber der Kriegsmarine
OGfr.	Obergefreiter
OKM/O.K.M.	Oberkommando der Kriegsmarine
Olt(Ing)	Oberleutnant (Ing) = Ingenieuroffizier im Range eines Oberleutnants

OltzS — Oberleutnant zur See

PK — Propagandakompanie. In dieser/diesen waren alle Kriegsberichter organisatorisch zusammengefaßt. Sie berichteten in Wort und Bild unter harten Zensurbestimmungen vom Geschehen an den Fronten. Für die Marine galt, daß in zahlreichen Fällen PK-Berichter an Feindfahrten teilnahmen.
Pound — britisch Pfund, Bezeichnung lb/lbs, 1 pound = 0,4536 kg. So hatten britische 500-lb-Bomben bzw. 1000-lb-Bomben ein Gewicht von rund 225 bzw. 450 kg.

RADAR — Radio Detection and Ranging = Funkmeßanlage(n)
RAF — Royal Air Force = Königliche Luftwaffe
RAAF — Royal Australian Air Force = Königlich-australische Luftwaffe
RCN — Royal Canadian Navy = Königlich-canadische Marine
resp. — respektive
RN/R.N. — Royal Navy = Königliche Marine

s — Süd
s. — siehe
S-Anlage — siehe → Sonar bzw. Asdic
Sadir — Name für FuMB 2
Samos — Name für FuMB 4
Sloop — Typbezeichnung für eine bestimmte Kriegsschiffsklasse, ein Zwischentyp zwischen dem Geleitzerstörer und der Fregatte, speziell für Geleitaufgaben und auch anstelle von Kanonenbooten in überseeischen Gebieten konzipiert.
sm — Seemeile(n)
Sm : kn — Seemeilen pro Knoten = Fahrbereich
Sonar — Sound Navigation and Ranging, siehe →Asdic
Squdr. — Squadron = Geschwader
Stb — Steuerbord
Sternenbanner — amerikanische National- und auch Kriegsflagge = Stars and Stripes.
Support Group — Unterstützungsgruppe = Geleitgruppe

t — Tonne(n)
Task Force — Kampfflottenverband, ursprünglich amerikanische Bezeichnung für Flottenverbände: Fleet = Flotte mit Task Force und Task Groups = Kampfgruppen
T-Boot — Torpedoboot
TBF — Torpedo-Bomber-Fighter = Mehrzweckkampfflugzeug für Torpedoabwurf und Bombenabwurf.
TE/TEV — Kürzel für Antirebsart, hier Turbo Electric Drive = Turboelektrischer Antrieb.

u.a.m. — und andere(s) mehr
U-Boot — Unterseeboot
U-Flottille — Unterseebootflottille
U-Jagd — Unterseebootjagd
U-Jäger — Unterseebootjäger
UP-Werfer — Fallschirm-Draht-Rakete, zur Abwehr deutscher Flugzeuge bei der Royal Navy erstmalig eingeführt. Ähnlich in der Verwendung und Wirkungsweise auch bei der deutschen Marine (auf U-Booten und anderen Kriegs- und Hilfskriegsschiffen).
Die ersten Typen dieser Waffe wurden 1940 auf Handelsschiffen eingebaut. Bezeichnung DEMS (Defensively equipped merchant ships) = Abwehrausrüstung für Handelsschiffe.
Spätere Weiterentwicklungen wurden in 20-rohrigen Geräten auf den britischen Großkampfschiffen HOOD, NELSON, KING GEORGE V, PRINCE OF WALES und BARHAM aufgebaut. Sie erwiesen sich als wenig erfolgreich.
Diese Raketen besaßen drei Fallschirme und 120 m Drahtkabel; Feststoffantrieb.
Wirkungsweise: Der Sprengkörper teilte sich vom Drahtende und trieb dann auf angreifende Flugzeuge zu, um sie durch Berühren und nachfolgender Zündung der mitgeführten Bomben zum Absturz zu bringen.
USA — United States of (North)Amerika = Vereinigte Staaten von Nordamerika.
USAF/USAAF — U.S.Air Force/U.S.Army Air Force = amerikanische Luftwaffe/amerikanische Heeresluftwaffe einschließlich Strategisches Bomberkommando
USCG — U.S.Coast Guard/US.Coast Guard = amerikanische Küstenwache.
US/U.S. — United States, siehe →USA
USN/U.S.N./U.S.Navy — United States Navy = Marine der Vereinigten Staaten
USS — Bezeichnung für ein Kriegs-/Hilfskriegsschiff der amerikanischen Marine = United States Ship.
U-Vesorger — speziell für die Versorgung konzipierter Unterseeboottyp
UZO — Unterseeboot-Zieloptik

VC-Sqdr. — Fleet Composite Squadron = Gemischtes Flugzeuggeschwader
VdU — Verband deutscher U-Boot-Fahrer

w — West
Western Approaches — Bezeichnung für das westliche Küstengebiet des britischen Mutterlandes, Schwerpunkthafen Liverpool, wurde als Bezeichnung für

	Kommandostruktur der Royal Navy übernommen.
WGT	Kürzel für eine Antriebsart, hier Westinghouse Geared Turbine = Getriebeturbinenantrieb von Westinghouse.
White Ensign	Bezeichnung der britischen Kriegsflagge (Royal Navy)
Wintergarten	Runder, balkonartiger Auf- und Anbau hinter der Brücke der Unterseeboote, Plattform für die Flak.
Zaunkönig	Ein speziell für den Angriff und die Abwehr der gegnerischen Geleitfahrzeuge (Zerstörer usw.) entwickelter Torpedo, der sich anfangs nicht bewährte. Erst der Nachfolger erwies sich erfolgreicher.
Z-Plan	Ende der 30er Jahre von Hitler im Einvernehmen und auf Vorschlag mit dem ObdM sanktionierter Neubau- und Aufbauplan der deutschen Marine, der in seiner Zielsetzung weit über das hinausging, was eigentlich notwendig gewesen wäre. Die geplante große homogene Flotte wäre genauso zur Untätigkeit verurteilt gewesen wie die Kaiserliche Hochseeflotte, denn es fehlten letztendlich alle Grundvoraussetzungen für eine wirkliche Seemacht.
z.V.	zur Verfügung
z.Zt.	zur Zeit
IWO/I.WO	Eins WO = Erster Wachoffizier
IIWO/II.WO	Zwo WO = Zweiter Wachoffizier
...°...'/...°...'	Grad- und Stricheinteilung bzw. -angabe auf Seekarten
...°	Kürzel für Gradangaben

Quellen- und Literaturnachweis (Auszug)

Aßmann, Kurt: Deutsche Seestrategie in zwei Weltkriegen, Heidelberg 1957

Bauer, Hermann: Reichsleitung und U-Booteinsatz 1914 bis 1918, Lippoldsberg 1956
Beesly, P.: Geheimdienstkrieg der Britischen Admiralität 1939 bis 1945, Berlin 1977
Beesly, P.: Very Special Intelligence. The story of the Admirality's Operational Intelligence Centre, London 1977
Bidlingmaier, Gerhard: Seegeltung in der deutschen Geschichte, Darmstadt 1967
Brennecke, Jochen: Jäger-Gejagte, Herford 1982
Brennecke, Jochen: Die Wende im U-Bootkrieg, Herford 1984
Brustat-Naval, F.: Ali Cremer – U 333, Berlin 1982
Brustat-Naval, F./Suhren, Reinhard: Nasses Eichenlaub, Herford 1983
Busch, Harald: So war der U-Bootkrieg, Bielefeld 1954

Colledge, J.J.: Ships of the Royal Navy, Volume I and II, Trowbridge 1969/70
Conway's: All the World Fighting Ships 1922–1946, London 1980

Dönitz, Karl: Zehn Jahre und 20 Tage, Bonn 1958
Dönitz, Karl: Mein wechselvolles Leben, Göttingen 1968

Frank, Wolfgang: Die Wölfe und der Admiral, Oldenburg/Hamburg 1953
Franks, Norman, L.R.: Search, find und kill, England 1990

Gröner, Erich: Die deutschen Kriegsschiffe 1815–1945, Band 3, Koblenz 1985

Her Majesty's Stationary Office: British Vessels lost at sea 1939–45 (Reprint), London 1976
Högel, Georg: Embleme, Wappen, Malings deutscher U-Boote 1939–45, Herford 1987

Imperial War Museum: London/Greenwich

Koop, Gerhard/Mulitze, Erich: Die Marine in Wilhelmshaven, Koblenz 1987
Kozaczuk, Wladislaw: Geheimoperation Wicher – Polnische Mathematiker knacken den deutschen Funkschlüssel »Enigma«, Koblenz 1989

Lewis, Ronald: Entschied ULTRA den Krieg? Koblenz/Bonn 1981
Lohmann, Walter/Hildebrand, Hans-H.: Die deutsche Kriegsmarine 1939–1945, Bad Nauheim 1956/1964
Lüdde-Neurath, Walter: Regierung Dönitz, Göttingen 1953

Mielke, Otto (Herausgeber): SOS – Schicksal deutscher Schiffe, diverse Hefte, München
Ministry of Defence (Navy) – Her Majesty's Stationary Office: The U-Boat War in the Atlantik 1939–1945, Volume I and II, London 1989
Museum of Science and Industry, Chicago

Potter, E.T./Nimitz, Ch.W./Rohwer, Jürgen: Seemacht, München 1974
Price, A.: Flugzeuge jagen U-Boote, Stuttgart 1976

Public Record Office (PRO), London

Robertson, T.: Jagd auf die Wölfe, Oldenburg/Hamburg 1960
Rössler, Eberhard: Geschichte des deutschen U-Bootbaues, Band 1 und 2, Koblenz 1986/87
Rohwer, Jürgen: Geleitzugschlachten im März 1943, Stuttgart 1975
Rohwer, Jürgen: Die U-Boot-Erfolge der Achsenmächte 1939–1945, München 1968
Rohwer, Jürgen/Hümmelchen, Gerhard: Chronik des Seekrieges 1939–1945, Oldenburg/Hamburg 1968
Rohwer, Jürgen/Jäkel, E.: Die Funkaufklärung und ihre Rolle im Zweiten Weltkrieg, Stuttgart 1979
Roskill, S.W.: The War at Sea 1939–1945, Volume I–III, London 1954/61
Roskill, S.W.: Das Geheimnis um U 110, Frankfurt/Main 1960
Royal Navy Submarine Museum England

Stiftung Tradtionsarchiv Unterseeboote

U.S.National Archives: USA

VdU: Schaltung Küste – Verbandsnachrichten

Warship Profile: Windsor, diverse Hefte
Winterbotham, F.W.: The Ultra Secret, London 1974
und
Archiv des Verfassers

Schiffs- und Bootsregister

Der Autor

Gerhard Koop

Jahrgang 1926. Marineoffizier. 1941 Eintritt in die Kriegsmarine, Unteroffiziervorschüler, Einsatz in der Ubootwaffe. Seit 1951 im Bundesgrenzschutz, 1956 Übertritt in die Bundesmariene. Bis 1975 Bordkommandos auf Schnellbooten, Ujagdbooten, Minensuchern, Fregatten und Ver-sorgern als Schiffstechnischer Offizier, dazwischen 1960-1962 Fachlehrer an einer Technischen Marineschule. Ab 1975 Sachbearbeiter für Motoren beim Marineunterstützungskommando. 1981 Ruhestand.
Publizistische Tätigkeit als Autor, Fachübersetzer und Mitarbeiter an marinegeschichtlichen und schiffstechnischen Werken.

Buchveröffentlichungen:
Die Großen Kreuzer Von der Tann bis Hindenburg (mit K.-P. Schmolke, 1998)
Vom Original zum Modell: Die Großen Kreuzer
Von der Tann, Moltke-Klasse, Seydlitz, Derfflinger-Klasse (mit K.-P. Schmolke, 1998)
Planmappe: Großer Kreuzer Von der Tann (mit K.-P. Schmolke, 1998)
Die Schiffe, Fahrzeuge und Flugzeuge der deutschen Marine von 1956 bis heute (mit S. Breyer, 1996)
Die Linienschiffe der Bayern-Klasse (mit K.-P. Schmolke, 1996)
Vom Original zum Modell: Die Linienschiffe der Bayern-Klasse (mit K.-P. Schmolke)
Planmappe: Die Linienschiffe der Bayern-Klasse (mit K.-P. Schmolke)
Die deutschen Zerstörer 1939-1945 (mit K.-P. Schmolke, 1995)
Vom Original zum Modell: Die deutschen Zerstörer 1939-1945 (mit K.-P. Schmolke, 1995)
Planmappe: Die deutschen Zerstörer (mit K.-P. Schmolke,1995)
Die Leichten Kreuzer der Königsberg-Klasse, Leipzig und Nürnberg (mit K.-P. Schmolke, 1994)
Vom Original zum Modell: Die Leichten Kreuzer der Königsberg-Klasse (mit K.-P. Schmolke, 1994)
Planrolle: Vergleich Königsberg, Karlsruhe, Leipzig und Nürnberg (mit K.-P. Schmolke, 1994)
Die Panzerschiffe der Deutschland-Klasse (mit K.-P. Schmolke, 1993)
Vom Original zum Modell: Panzerschiffe der Deutschland-Klasse (mit K.-P. Schmolke, 1993)
Planrolle: Deutschland-Klasse (mit K.-P. Schmolke, 1993)
Die Schweren Kreuzer der Admiral Hipper-Klasse (mit K.-P. Schmolke, 1992)
Vom Original zum Modell: Schwere Kreuzer Admiral Hipper, Blücher und Prinz Eugen (mit K.-P. Schmolke, 1992)
Planrolle: Schwerer Kreuzer Admiral Hipper (mit K.-P. Schmolke, 1992)
Die Schlachtschiffe der Scharnhorst-Klasse (mit K.-P. Schmolke, 1991)
Vom Original zum Modell: Schlachtschiff Scharnhorst (mit K.-P. Schmolke, 1991)
Planrolle: Schlachtschiff Scharnhorst (mit K.-P. Schmolke, 1991)
Die Schlachtschiffe der Bismarck-Klasse (mit K.-P. Schmolke, 1990)
Vom Original zum Modell: Schlachtschiff Tirpitz (mit K.-P. Schmolke, 1990)
Planrolle: Schlachtschiff Tirpitz (mit K.-P. Schmolke, 1990)
Die deutschen Segelschulschiffe (mit K.-P. Schmolke, 1989)
Planrolle: Segelschulschiff Gorch Fock (II) (mit K.-P. Schmolke, 1989)
Die Marine in Wilhelmshaven (mit E. Mulitze, 1987)
Emden. Ein Name - fünf Schiffe (1983)
Von der Kaiserlichen Werft zum Marinearsenal (mit K. Gallle und F. Klein, 1982)
Von der Emden zur Tirpitz (mit S. Breyer, 2 Bde, 1981/82)
Die Schiffe und Fahrzeuge der deutschen Bundesmarine 1956-1976 (mit S. Breyer, 1978)

Übersetzungen:
Kriegsschiffe der Welt 1860-1905 (3 Bände, 1983-85)
Howard, Segel-Kriegsschiffe 1400-1860 (1983)
Raven/Roberts, Die britischen Schlachtschiffe des Zweiten Weltkrieges (3 Bände, 1980/81)
Brown, Die Tirpitz (1980)